Ernst-E. Klotz

So nah der Heimat

Gefangen in Buchenwald 1945-1948

Verlag J. H. W. Dietz Nachf.

Die Deutsche Bibliothek – CIP-Einheitsaufnahme

Klotz, Ernst-Emil:
So nah der Heimat : gefangen in Buchenwald 1945–1948 /
Ernst-E. Klotz. – Bonn : Dietz, 1992
ISBN 3-8012-0177-5

In der Raste 2, D-5300 Bonn 1
Lektorat: Martin Rethmeier
Umschlag: Manfred Waller, Reinbek
(Foto: Ingo Karrasch, Erfurt)
Gesamtherstellung: Fuldaer Verlagsanstalt

Printed in Germany 1992

Inhalt

Historische Vorbemerkung

Fast gleichzeitig mit dem Fall der Mauer im November 1989 brachen in der damals noch existierenden DDR auch Tabus auf, die über vierzig Jahre unantastbar schienen. Das Ende der Herrschaft der SED war auch das Ende der Zensur und der offiziellen Sprachregelungen, mit denen die häßlichen Flecken in der (Vor-)Geschichte der DDR geschönt wurden. Zu diesen dunklen Kapiteln gehört die Geschichte der sowjetischen Speziallager, die zwischen 1945 und 1950 auf dem Gebiet der SBZ, der späteren DDR, bestanden, und der hier internierten Männer und Frauen. Zugleich ist diese Geschichte eine doppelte, ist gemeinsame deutsch-deutsche Vergangenheit, denn die Existenz dieser Lager ist mit dem, was ihr vorausging – der nationalsozialistischen Diktatur und ihrer Vernichtungsfeldzüge – untrennbar verbunden. Der Bericht des Jenaer Lehrers Ernst-Emil Klotz aus dem Jahr 1952 über seine fast dreijährige Internierung in Buchenwald, den wir hier veröffentlichen, macht diese verhängnisvolle Doppelung, das gesamtdeutsche Erbe von Nationalsozialismus *und* Stalinismus in all seinen Facetten deutlich.

*

Als Ernst-Emil Klotz am 2. Oktober 1945 zusammen mit Hunderten anderer Inhaftierter aus allen Gebieten Thüringens im Speziallager Nr. 2 des sowjetischen Geheimdienstes NKWD auf dem Gelände des ehemaligen Konzentrationslagers in Buchenwald bei Weimar interniert wurde, lag die Befreiung der Häftlinge des KL Buchenwald erst ein halbes Jahr zurück. Buchenwald war – wenige Tage vor Bergen-Belsen – das erste große Konzentrationslager, das von den westlichen Alliierten unzerstört befreit werden konnte. Die Nachrichten und Bilder der entsetzlichen

Grausamkeiten, des unendlichen Leidens, des massenhaften Sterbens, mit dem sich die Befreier dort konfrontiert sahen, wirkten weltweit wie ein Schock. Sie bestätigten die Alliierten in ihrer Überzeugung, daß neben einer kompromißlosen Bestrafung aller an diesen Verbrechen Schuldigen nur durch eine grundlegende politische Säuberung der Einfluß der nationalsozialistischen Ideologie und des preußischen Militarismus in der deutschen Bevölkerung zerstört werden könnte.

Die Entmilitarisierung und Entnazifizierung Deutschlands als alliiertes Kriegsziel war schon 1943 auf Konferenzen in Kairo, Teheran und Moskau vereinbart worden. Aber erst im Potsdamer Abkommen vom August 1945 wurden konkrete Maßnahmen festgelegt. Sie sahen nicht nur die Verhaftung und Internierung der leitenden und einflußreichen Personen in Partei, Staat und Verwaltung vor, sondern ermächtigten die alliierten Militärbehörden auch, „beliebige andere Personen, die für die Besetzung und ihre Ziele gefährlich sind“, in Gefängnissen und Lagern festzusetzen. Die Umsetzung dieser Maßnahmen orientierte sich an den jeweiligen politischen Vorstellungen der vier Alliierten.

In den Einflußzonen der West-Alliierten – und hier am weitreichendsten von den US-Militärbehörden – wurde eine Entnazifizierungs-Politik mit dem Ziel der politischen Umerziehung eingeleitet. Das sogenannte Befreiungsgesetz übertrug schon im März 1946 die Entnazifizierung in deutsche Verantwortung. Die Spruchkammern, die auf der Basis der Selbstauskünfte des Fragebogens, den jede(r) Deutsche über 18 Jahren auszufüllen hatte, bis zur offiziellen Beendigung der Entnazifizierung im März 1948 über dreieinhalb Millionen Fälle bearbeiteten, hatten den Auftrag, eine Unterscheidung nach Hauptschuldigen, Belasteten, Minderbelasteten, Mitläufern und Entlasteten vorzunehmen. Die Praxis der Spruchkammern, die an dieser Aufgabe angesichts der widerstreitenden Interessen und den politischen Vorgaben der jeweiligen Alliierten nur scheitern konnten, ließ den Historiker Lutz Niethammer den Begriff der „Mitläuferfabrik“[1] prägen.

Neben diesem Versuch einer politischen Säuberung wurden mit Beginn des Einmarsches der westlichen alliierten Truppen mutmaßliche Kriegsverbrecher, führende Nazis, die SS- und Gestapoangehörigen, KZ-Personal, Parteimitglieder in öffentlichen Führungspositionen (wie z. B. Bürgermeister) und hohe Beamte in großangelegten Verhaftungsaktionen festgenommen und interniert. Ende 1945, auf dem Höhepunkt der

1 Lutz Niethammer, Die Mitläuferfabrik. Die Entnazifizierung am Beispiel Bayerns, Bonn: Dietz, 1984

Aktion in den Westzonen, waren über 200000 Beschuldigte inhaftiert. Aus naheliegenden Gründen – an die Errichtung neuer Lager war im Chaos des Kriegsendes nicht zu denken – wurden auch die gerade erst befreiten Konzentrationslager wie z. B. Dachau oder Neuengamme zu Internierungscamps umfunktioniert.

Die Lebensbedingungen in den anfangs von der Außenwelt streng isolierten Lagern waren schwierig. Die totale Abschirmung führte zu verbreiteten psychischen Ausfällen wie Apathie und Depression, es gab massive Versorgungsprobleme und, daraus resultierend, Mangelernährung, die Hungerödeme und Schwächekrankheiten zur Folge hatten. Die pauschalen Verhaftungsaktionen führten darüber hinaus zu Solidarisierungseffekten in den Lagern, so daß vereinzelt von „Renazifizierungslagern" die Rede war. Schon im Januar 1946 wurden deshalb aus den amerikanischen Camps etwa 12000 Gefangene als sogenannte Mitläufer entlassen. Im Juli 1946 wurden die Lager in deutsche Leitung gegeben, im Frühjahr 1948 bei Beendigung der Entnazifizierungsmaßnahmen schließlich aufgelöst.

Insgesamt gesehen verbieten die Zustände in den alliierten Internierungslagern, wie sie von Inhaftierten berichtet wurden – so schlimm sie vor allem in den ersten beiden Jahren zweifellos waren – jeden Vergleich mit den Haftbedingungen in den nationalsozialistischen Konzentrationslagern, zumal mit fortschreitender Normalisierung der Lebensverhältnisse außerhalb der Lageralltag an Schrecken verlor: „Von der Atmosphäre des KZ war in dem Lager nichts mehr zu spüren", berichtete der Journalist Karl-Georg Egel den Hörern des Nordwestdeutschen Rundfunks im Februar 1947 aus dem Internierungslager Neuengamme. „Die Internierten sind untergebracht in den Baracken des ehemaligen KZ und in einem Fabrikgebäude. Sie schlafen in zwei- oder dreistöckigen Betten wie in Kriegsgefangenenlagern. Baracken und Wohnräume sind geheizt. Zum Mittagessen gibt es im Lager einen kräftigen Eintopf. Die Rationssätze sind denen eines gewöhnlichen englischen Kriegsgefangenenlagers angeglichen. So erklärt sich auch der gute körperliche Zustand der Internierten, der noch dadurch verbessert wird, daß sie Pakete von ihren Angehörigen empfangen dürfen und auch reichlich empfangen. Auch die ärztliche Betreuung im Lager ist sehr gut. – Das sind die äußeren Lebensgrundlagen. Sie erinnern in keiner Weise mehr an das frühere KZ. Der entscheidende Unterschied aber liegt vor allem darin, daß die Angst, die Hetze, die stündliche Sorge um das nackte Leben im Lager wegfallen. Es läuft kein Wachtposten durch die Lagerstraße, um anzutreiben, um aufzuschreiben, um Strafen zu diktieren und den einzelnen Internierten zu quälen. Die Internierten sind im Lager sich selbst überlassen. ... Nur der jeweilige Morgen- und Abendappell, bei dem die Zählung stattfindet, erinnert an die Besatzungsmacht."[2]

*

Auch wenn sich die Entnazifizierungsmaßnahmen der sowjetischen Militärbehörden in ihrer Zone ebenfalls an den im Potsdamer Abkommen festgelegten Vorgaben orientierten, unterschieden sie sich in der Umsetzung deutlich von den geschilderten Säuberungsbemühungen der Westalliierten. Anders als diese zielten die Maßnahmen der Sowjetischen Militäradministration SMAD darauf, eine Wiederkehr des Nazismus und des Militarismus durch strukturelle Eingriffe, durch die Entmachtung der ihn tragenden gesellschaftlichen Gruppen und weitestgehenden Austausch der in Justiz, Verwaltung und im Bildungswesen Beschäftigten, ein für allemal zu verhindern.

Wie in den Westzonen, so wurde auch hier parallel zum Einmarsch in großem Umfang durch den Geheimdienst NKWD (ab 1946 MWD) verhaftet und interniert. Zu diesem Zweck entstanden elf sogenannte Speziallager.[3]

Auch die sowjetischen Behörden griffen dabei auf die ehemaligen nationalsozialistischen Konzentrationslager zurück, die die Befreiung unversehrt überstanden hatten, namentlich auf Sachsenhausen, Bautzen und Buchenwald bei Weimar. Das Speziallager Nr. 2 in Buchenwald, in dem auch Ernst Klotz interniert war, stellte insofern einen Sonderfall dar, als es auf dem bis Juli 1945 von den amerikanischen Besatzungsbehörden verwalteten Gebiet lag, aus dem dann viele der hier Internierten stammten.

Verhaftet wurden von den sowjetischen Behörden nicht nur die gesamte mittlere und untere Führungsriege der Nazis, sofern man dieser habhaft werden konnte, sondern darüber hinaus in hohem Maße Jugendliche, denen man „Werwolf-Aktivitäten" unterstellte, Angehörige der sogenannten Intelligenz – also Juristen, Lehrer und andere Staatsbedienstete sowie Journalisten der NS-Presse –, weiterhin (mittelständi-

2 Karl-Georg Egel, Besuch bei internierten Nationalsozialisten. In: *Nordwestdeutsche Hefte*, Nr. 2/1947, zit. n. Charles Schüddekopf (Hg.), Vor den Toren der Wirklichkeit, Bonn: Dietz, 1982, S. 156

3 Einen informativen Überblick über „Die Speziallager in der Sowjetischen Besatzungszone" und das Schicksal der dort Inhaftierten gibt der gleichnamige Aufsatz von Marlis Gräfe und Bodo Ritscher in: Hanno Müller (Hg.), Recht oder Rache? Buchenwald 1945–1950. Betroffene erinnern sich, Frankfurt/Main 1991, S. 93–130

Die Speziallager des NKWD
in der Sowjetischen Besatzungszone 1945 bis 1950

(Grafik: Erlenbach, 1992)

sche) Unternehmer, Großbauern oder Pächter größerer Betriebe. Eine nicht unbeträchtliche Zahl von Verhaftungen kam durch Denunziationen zustande oder war gar Folge zufälliger Defizite in den Verhaftungskontingenten. Auch politisch Mißliebige (darunter Sozialdemokraten und „abweichlerische" Genossen, ja sogar ehemalige KZ-Häftlinge!) wurden – vor allem im Zuge der sich verschärfenden Spannungen zwischen den Alliierten – Opfer des nicht eben zögerlichen Geheimdienstes NKWD, dem die Lager unterstellt waren. Im Unterschied zu den Entnazifizierungs-Lagern mit Sühnefunktion in den Westzonen wurden die Speziallager sehr bald zu politischen Straflagern, in denen auch präventiv interniert – und bestraft – wurde. Hermann Weber, Historiker und einer der besten Kenner der DDR-Geschichte, spricht in diesem Zusammenhang von „Konzentrationslagern" mit „politischen Gefangenen".[4]

Über die Zustände in den Lagern gibt es neben den Erinnerungen von Inhaftierten, die sich in den beiden letzten Jahren zu Wort meldeten, und wenigen zeitgenössischen Berichten, wie dem hier veröffentlichten Dokument, bisher keine Quellen.[5] Sämtliche Akten wurden nach Auflösung der Lager 1950 in die Sowjetunion gebracht oder vernichtet. Erst im Juli 1990 nahm das sowjetische Innenministerium in einer Denkschrift zu den sich häufenden Pressemeldungen über ein Massensterben in den Speziallagern Stellung:

„Insgesamt wurden auf dem Territorium der Sowjetischen Besatzungszone in verschiedener Zeit zehn Lager eingerichtet, die die Ordnungsnummern 1 bis 10 erhielten, und entsprechend in den Städten Mühlberg, Buchenwald, Berlin, Bautzen, Fürstenwalde (Ketschendorf), Lieberose, Sachsenhausen-Oranienburg, Neubrandenburg, Torgau, disloziert waren. Mit der Abnahme der Anzahl der Häftlinge wurden die Lager aufgelöst bzw. zusammengelegt. Bis zum Jahre 1948 verblieben drei Lager (Nr. 1 in Sachsenhausen-Oranienburg, Nr. 2 in Buchenwald, Nr. 3 in Bautzen). Das letzte Lager wurde im März 1950 aufgelöst. ... Sowjetische Archivdokumente belegen, daß in den genannten Lagern in der Zeit ihres Bestehens von 1945 bis 1950 122 671 Häftlinge einsaßen, von denen 45 262 wieder auf freien Fuß gesetzt wurden. 14 202 Häftlinge wurden dem MdI

4 Hermann Weber, DDR. Grundriß der Geschichte, Hannover 1991, S. 32

5 Als erster hat bereits in den fünfziger Jahren der Bonner Journalist und Mitarbeiter des Innenministeriums, Gerhard Finn, der selbst als Jugendlicher in Buchenwald interniert war, Material über die Speziallager und Betroffenenberichte gesammelt und im Namen der von ihm mitbegründeten „Kampfgruppe gegen Unmenschlichkeit" auch veröffentlicht: Gerhard Finn, Die politischen Häftlinge in der Sowjetzone 1945–1959, (Reprint) Köln 1989

(Ministerium des Innern, d. V.) der DDR übergeben. 12770 Personen wurden in die UdSSR gebracht. 6680 Personen wurden in Kriegsgefangenenlager überführt. 212 Häftlinge flüchteten. In der gesamten Zeit verstarben nach vorhandenen Angaben 42889 Personen infolge von Krankheit, vor allem in den Jahren 1945–1947. Durch das Militärgericht wurden 756 Personen zum Tode verurteilt. Hinweise auf Grabstätten wurden in den Archiven nicht gefunden."[6]

Das Lager Buchenwald, in dem Ernst Klotz interniert war, hatte nach der Befreiung durch amerikanische Truppen zunächst zur Besichtigung durch die deutsche Bevölkerung offengestanden, bevor es – nach der Übergabe an die sowjetischen Behörden – am 12. August 1945 als Internierungslager in Betrieb genommen wurde. „Die ersten Insassen waren Häftlinge der MWD-Gefängnisse Erfurt, Weimar, Arnstadt und Jena. Zum Jahreswechsel betrug die Gesamtbelegung etwa 3000 Männer und Frauen. ... Die Durchschnittsbelegung lag bei 12000 Mann. ... Das Lager hatte etwa 6000 bis 8000 Tote zu verzeichnen, die in Massengräbern ... verscharrt wurden."[7]

Auch die sowjetischen Speziallager unterstanden – wie die Lager der Westalliierten – einer weitgehenden Selbstverwaltung durch die Internierten, allerdings unter schärfster Bewachung und Kontrolle durch den NKWD. Die sowjetische Lagerverwaltung beschränkte sich neben der Versorgung mit Lebensmitteln auf die äußere Sicherung der Lager sowie die politische Überwachung der Häftlinge durch Geheimdienst-Offiziere, die sich auf ein „weitverzweigtes Spitzelsystem" (Finn) stützen konnten.

Ebenso wie in den Lagern jenseits der Elbe war neben der totalen Überfüllung der Lager völlig unzureichende Verpflegung das größte Problem. Aber war – im Gegensatz zu den Westzonen – die Ernährungslage der Bevölkerung in der SBZ schon mangelhaft, so sah es in den Speziallagern katastrophal aus. Ernst Klotz' Schilderungen aus Buchenwald sind nicht übertrieben, sie decken sich mit den Erinnerungen anderer Überlebender. Unterernährung zusammen mit katastrophalen hygienischen Verhältnissen und absolut unzureichender medizinischer Versorgung war darum Hauptgrund für das massenhafte Sterben und die grassierende Tuberkulose-Epidemie, zumal nachdem im November 1946 die sowieso schon dürftigen Verpflegungsnormen auf Anordnung der sowjetischen Behörden drastisch gesenkt wurden.

6 Zit. n. *Neues Deutschland* vom 27. Juli 1990. Die Angaben differieren kaum von denen der überlebenden Internierten.

7 Nach Gerhard Finn, Die politischen Häftlinge der Sowjetzone 1945–1958, Berlin 1958, S. 48

Zu den miserablen Zuständen in der Versorgung der Häftlinge kamen zahlreiche Schikanen seitens der Bewacher und vereinzelt wohl auch der Funktionshäftlinge, die ein – wie der Weimarer Historiker und Buchenwald-Experte Bodo Ritscher schreibt – „sehr strenges Lagerregime“ führten, das schon bei geringsten Verstößen gegen die ungeschriebene Lagerordnung mit Einzelhaft bei reduzierten Essensrationen reagierte und als Strafverschärfung – in Buchenwald – die Einweisung in die „Isolator“ genannten separierten Holzbaracken vorsah – wie man den Beschreibungen Ernst Klotz' entnehmen kann, der dort längere Zeit eingesperrt war, eine vor allem in der kühlen Jahreszeit lebensbedrohliche Sanktion.

Gegenüber der Außenwelt waren die Lager – anders als die Internierungscamps im Westen – strengstens abgeschirmt. Wenn überhaupt, so gab es in den Medien der SBZ nur eine zensierte Berichterstattung; anders als in den Westzonen verstanden sich Justiz und Behörden, wurden sie mit Eingaben der Angehörigen konfrontiert, als ausführende Organe der Besatzungsmacht. Lediglich die Kirchen engagierten sich von Beginn an für die Häftlinge. Die völlige Informationssperre über die „Schweigelager“ hatte in der Bevölkerung eine – wie Marlis Gräfe und Bodo Ritscher schreiben – „erhebliche politische Einschüchterungswirkung“; unter den Internierten bedeutete die Isolation eine weitere Verschärfung ihrer ohnehin trostlosen Situation. Zur Ungewißheit über das Schicksal der Angehörigen kam die über die Dauer der Internierung und die eigene Zukunft. „In keinem der Lager“, resümieren Marlis Gräfe und Bodo Ritscher, „gab es Bemühungen einer antinazistischen Umerziehung der Insassen. ... Wenn Vorträge und Gespräche mit den Internierten stattfanden, lagen ihnen offenbar Einzelinitiativen zugrunde. ... Da die Lagerinsassen in hohem Maße von der Entwicklung außerhalb des Stacheldrahts abgekoppelt waren, wurde auch die individuelle Auseinandersetzung mit der Vergangenheit nicht gerade gefördert.“[8]

Erste Entlassungen aus den Lagern gab es im Sommer 1948, nachdem im Februar die sowjetischen Behörden die Entnazifizierung für beendet erklärt und die Kommissionen ihre Tätigkeit im April eingestellt hatten. Etwa 28 000 Internierte, in erster Linie kleinere Funktionäre der NSDAP, Jugendliche und einfache Parteimitglieder – darunter auch Ernst Klotz – kamen frei. Zur endgültigen Auflösung der Lager kam es erst im Januar 1950, wobei aber nur 15 000 Häftlinge in die Freiheit entlassen wurden. Über 10 000 Internierte wanderten „zur weiteren Strafverbüßung“ in die

8 Gräfe/Ritscher, a.a.O., S. 115

Gefängnisse der DDR, fast 3 500 Internierte wurden im direkten Anschluß an ihre Lagerhaft in den sogenannten Waldheimer Prozessen, einer „politisch motivierten Justiz-Farce“ (Gräfe/Ritscher) abgeurteilt – von ihnen starben Hunderte an der in den Zuchthäusern grassierenden Tuberkulose.

*

„Der Versuch, politische und moralische Schuld mit quasi strafrechtlichen Mitteln zu sühnen, scheiterte in allen vier Besatzungszonen und mußte wohl scheitern. Weder der Umstand, daß es vielfach von Zufällen abhing, wer in die Lager kam und wer nicht, noch die Tatsache, daß in den allermeisten Fällen das nun zu erleidende Schicksal als in keinem Verhältnis zum eigenen Anteil am Naziregime stehend betrachtet wurde und in der Regel betrachtet werden mußte, waren geeignet, das Nachdenken über eigene Mitschuld und eigenes Versagen zu fördern.“[9] Nun waren – im Gegensatz zu den Internierungscamps der Westalliierten – die Lager in der Sowjetischen Besatzungszone, anders als es hier erscheinen mag, eben doch mehr als „nur“ Internierungslager, in denen mehr oder weniger individuell schuldig gewordene Altnazis Sühne leisten mußten. Dem Befund des Scheiterns der Entnazifizierung mit strafrechtlichen Mitteln ist gleichwohl zuzustimmen. Der Bericht Ernst Klotz’, der hier vierzig Jahre nach seiner Entstehung erstmals veröffentlicht wird, illustriert dieses Scheitern unter den spezifischen Bedingungen der SBZ besonders eindrücklich. Die Empörung und der Schmerz über die aus seiner Sicht schuldlos erlittene dreijährige Haft unter unmenschlichen Bedingungen, die zudem einen radikalen und endgültigen Bruch mit seinem bisherigen Leben bedeutete, sind in den Erinnerungen, die drei Jahre nach seiner Entlassung entstanden, noch allgegenwärtig.

Die Frage nach dem Sinn dieser Bestrafung, die quälende Suche nach Erklärungen, führen Ernst Klotz auch zu Vergleichen seiner Situation mit der der Häftlinge in den nationalsozialistischen Konzentrationslagern. Heutigen Lesern mag ein solcher Vergleich unangemessen oder gar anmaßend erscheinen. In der Tat: Aus den Duschen, die Ernst Klotz und seine Mitgefangenen zweimal im Monat benutzten, kam kein Gas. Aber der Verdacht, in diesem Bericht würden Täter und Opfer gleichgesetzt, wird dem einzelnen Schicksal, dem individuell erlittenen Leid der zahlreichen auch in den sowjetischen Lagern unschuldig Internierten ebensowenig gerecht wie er auch unberücksichtigt läßt, daß zur Zeit der Entstehung dieses Berichts,

9 Gräfe/Ritscher, a.a.O., S. 105

in der Hochphase des Kalten Kriegs, die Gleichsetzung von Nationalsozialismus und Stalinismus so ungewöhnlich nicht war. Auch des Totalitarismus so unverdächtige Zeitgenossen wie der im Konzentrationslager Buchenwald internierte Eugen Kogon erkannten angesichts des „neuen Schweigens" über die Speziallager des NKWD eine „beängstigende Ähnlichkeit" mit dem Schweigen über die Konzentrationslager: „Das System scheint in vielem nicht so entsetzlich zu sein, wie es das nationalsozialistische war; es wird zum Beispiel nicht vergast, nicht erwürgt, gehängt und reihenweise erschossen. Aber es ist in jeder Hinsicht schlimm genug", schrieb Kogon 1949 in seinem damals vieldiskutierten Buch „Der SS-Staat"[10], das auch Ernst Klotz bekannt war. Kogon schien der Verdacht der Gleichsetzung abwegig: „Sind die russischen Konzentrationslager vielleicht eine Entschuldigung für die nationalsozialistischen? Im Gegenteil: Das System des SS-Staates muß erkannt werden, damit die Ausbreitung des Systems des GPU-Staates bekämpft . . . werden kann."[11]

Auf seine Weise hat Ernst Klotz mit seinem Bericht dazu beigetragen, daß das Schweigen über die sowjetischen Lager, von dem Eugen Kogon sprach, gebrochen wurde. Kurze Passagen über seine Tätigkeit im sog. Beerdigungskommando finden sich zum Beispiel in einer 1952 erschienenen Broschüre der antikommunistischen Berliner „Kampfgruppe gegen Unmenschlichkeit" über „Die sowjetischen Konzentrationslager auf deutschem Boden 1945–1950". Zu einer Veröffentlichung des ganzen Berichts kam es damals jedoch nicht. Ein dreißigjähriger Schleier des Verdrängens legte sich über die Zeitzeugenberichte. Lange Zeit auch schien es politisch nicht opportun, im diffizilen Prozeß der Abgrenzung und vorsichtigen Annäherung beider Staaten ausgerechnet diesen Schatten auszuleuchten.

Auch heute kann man der öffentlichen Auseinandersetzung um „die richtige Erinnerung"[12] an die sowjetischen Lager in der SBZ, die seit dem Fall der Mauer in Gang gekommen ist und in Buchenwald von der Nationalen Mahn- und Gedenkstätte auf dem Gelände des ehemaligen Konzentrationslagers und von Organisationen wie dem Weimarer „Kuratorium Schloß Ettersburg" getragen und vorangetrieben wird, nicht nachsagen, daß sie sich stets ernsthaft und unvoreingenommen dieser Thematik annimmt. Der (neue) Leiter der Mahn- und Gedenkstätte, Thomas Hof-

10 Eugen Kogon, Der SS-Staat, Das System der deutschen Konzentrationslager, Frankfurt/Main 1949, S. 407f

11 Ebd., S. 410

12 Hans-Helmut Kohl, Am liebsten hätten sie ihren Bismarckturm wieder. Eine obskure Debatte über das „richtige" Gedenken im KZ Buchenwald, das nach 1945 Internierungslager der Sowjets war, in: *Frankfurter Rundschau* vom 19./20. November 1991, Seite 3

mann, spricht von einer „obskuren Debatte“[13], und der Vorsitzende des Kuratoriums, Pfarrer Thomas A. Seidel, erkennt im bislang dominanten Gegeneinander alter und neuer Feindbilder, im Schlagen der Schlachten von Gestern, eine „Abwehr aufmerksamer Nachdenklichkeit“.[14]

Auch Ernst Klotz' Bericht ist nicht dagegen gefeit, in der mitunter aufgeregten Diskussion vorschnell vereinnahmt zu werden. Anlaß zu Mißverständnissen mag es vor allem dann geben, wenn man meint, hier Argumente für eine nachträgliche Relativierung nationalsozialistischen Unrechts finden zu können. Gegenüber anderen, in den letzten beiden Jahren zusammengetragenen Berichten zumeist noch lebender Internierter oder ihrer Angehörigen, bei denen die Mühsal und die Unschärfe des Erinnerns nach vierzig Jahren Schweigen berücksichtigt werden müssen, hat Ernst Klotz' Bericht den Vorzug, schon sehr kurz nach den Ereignissen entstanden zu sein. Er ist deshalb auch, wenn auch nicht in erster Linie, eine authentische Dokumentation über das NKWD-Speziallager Nr. 2 in Buchenwald. Was Ernst Klotz über das Geschehen auf dem Ettersberg aufgezeichnet hat, findet in den verschiedensten Quellen Bestätigung. Der von ihm anonymisierte Bericht über seine Tätigkeit im Beerdigungskommando ist eine der ganz wenigen Zeitzeugen-Darstellungen dieser dunkelsten Seite der Lager; seine Schilderungen des Lageralltags, und hier vor allem des Vortragswesens – in dem er selbst, ohne es hier aufzudecken, eine maßgebliche Rolle spielte – bereichern das bisher Bekannte um wichtige Facetten. In der Form der Darstellung, in seinen Einschätzungen und Wertungen ist Ernst Klotz' Bericht jedoch zuallererst als historisches Dokument zu lesen und als solches außergewöhnlich interessant.

Der gesamte Bericht ist getragen von der mit ungeheurer Anstrengung aufrechterhaltenen Überzeugung und Gewißheit, von dem begangenen Unrecht gegenüber gleichgültigen und auch sonst desinteressierten Vertretern eines nicht-europäischen, kulturlosen Volkes zu Unrecht und aus willkürlichem Anlaß über Jahre unter menschenunwürdigen Bedingungen interniert worden zu sein. Einzig das unbeirrbare Festhalten an dieser Gewißheit scheint es Ernst Klotz ermöglicht zu haben, die Torturen der

13 Ebd., vgl. auch: Thomas Medicus, Das Elend der Vergangenheit. In Weimar wurde versucht, die doppelte Geschichte des Lagers Buchenwald darzustellen, in: *Der Tagesspiegel* vom 20. November 1991

14 Thomas A. Seidel, Zur Geschichte von Buchenwald von 1937 bis 1950. „Erinnerung ist das Geheimnis der Versöhnung“ (Bericht über das Geschichtsseminar des Kuratoriums Schloß Ettersberg und der Ev. Akademie Tutzing vom 15.–17. 11. 91 in Weimar, Buchenwald und Ettersberg, (unveröff. Ms.), Weimar 1991, S. 1

Haftzeit zu überstehen. In der Rückbesinnung auf die traditionellen Werte abendländischer Kultur hat er offensichtlich die Möglichkeit gesehen, sich gegen die diskreditierten Orientierungen seiner Zeit zu immunisieren, auch gegen das erst kurz vor seiner Verhaftung in seinem ganzen Ausmaß aufscheinende Ungeheuerliche der nationalsozialistischen Verbrechen. „Davon" nicht gewußt zu haben, diese „deutsche Nationalhymne" (so die amerikanische Fotografin und Journalistin Margaret Bourke-White 1945 in ihren Berichten aus dem besiegten Land) kann man auch bei Ernst Klotz lesen. Aber in dieser weitverbreiteten Abwehrhaltung ist sein Bericht zeittypisch und wird als Ganzes dadurch keineswegs unglaubwürdig. Anspruch auf ernsthafte Auseinandersetzung hat Ernst Klotz' Bericht schon um der Realität der Schrecken im Speziallager, die nicht dadurch geringer werden, daß er aus seiner Verachtung für seine Bewacher keinen Hehl macht und seine Erinnerungen an diese Leidenszeit so betont undramatisch, fast wie belanglos präsentiert. Auszehrung, Hunger, Krankheit und Tod waren allgegenwärtig. Diese Erfahrungen schreibend zu bewältigen, war Ernst Klotz nur so möglich.

Bonn, im Januar 1992 — Martin Rethmeier

Bericht des Dr. Ernst-E. Klotz

Dreißig, sechzig, neunzig Tage

Am zweiten Oktober 1945 stand ich mit etwa 30 Leidensgefährten vor dem Tor des Konzentrationslagers Buchenwald. Keiner von uns konnte der niederschmetternden Eindrücke Herr werden, so daß wir uns nur flüsternd unterhielten und schließlich kaum noch ein Wort sprachen. Von ungefähr kam uns eine, einen Wagen bewegende Gruppe von Häftlingen zu Gesicht: zu Klumpen geballt wie die Teile einer Maschine, vielfüßig wie Spinnen, aber kopflos anscheinend, wie sie sich da an Wände und Räder des Wagens preßten, an Seilen zogen, an Stangen drückten und ihn so unglaublich langsam vorwärts trieben und dabei nicht wagten, den Kopf auch nur für eines Blickes Länge nach uns zu heben. Das also waren Buchenwaldhäftlinge! Das war das Bild dessen, was wir werden sollten. Wir begriffen weder uns selbst noch irgendetwas in dieser morgenkalten, nebeldämmernden Welt, die bevölkert wurde von kahlköpfigen Soldaten, von geckenhaft geputzten Offizieren, von uniformierten, gestiefelten Frauen und umrahmt wurde von dem einst gewaltigen, jetzt anscheinend auch im Sterben liegenden Wald, der dieser Stätte des Grauens den Namen gegeben hatte.

Im schnellen Getriebenwerden durch das Tor nahm ich trotz aller Befangenheit noch die Torinschrift auf: Jedem das Seine! Sauckels[1] selbstge-

1 Fritz Sauckel (1894–1946), ab 1927 Gauleiter der NSDAP in Thüringen, war als Generalbevollmächtigter für den Arbeitseinsatz seit 1942 verantwortlich für die Deportation von

setzte Denkmalinschrift. Ich wurde von ihrem plumpen Zynismus wie von einem Schlage vor den Kopf getroffen. Es schien doch Dinge gegeben zu haben, von denen ich mir in meinem naiven Untertanenvertrauen zur Obrigkeit nichts hatte träumen lassen.

Ich wurde in das 5. Bataillon eingestellt und bezog die Steinbaracke Nr. 17. Schon am folgenden Tag war die Sollstärke von 500 Mann erreicht, und es begann bei den ununterbrochenen Zufuhren die Bildung des 6. Bataillons. Nach etwa drei Wochen war das 11. Bataillon gefüllt. Diese etwa 6000 Thüringer stellten die erste Gruppe der neuen Buchenwald-Konzentrationäre dar.

In einer der ersten Nächte trieb der Stabsleiter, selbst ein Häftling, die ganze Belegschaft der Baracke aus den Betten, als Strafe, weil wir bei dem völligen Mangel an Haken unsere Kleider an die Bettgestelle gehängt hatten. Dies sei unsauber und unhygienisch, belehrte er uns, der in einem deutschen KZ gewesen sein wollte, und schlug mich dreimal ins Gesicht, als ich auf die Ursache hinwies. Auch diese Schläge gehörten zur Einführung in die Lebensform des Häftlings.

Der Zustrom der Politischen aus Thüringen dauerte nicht länger als etwa zwei Monate. Es folgte gleich die Gruppe der „Werwölfe"[2] und Spionageverdächtigen. Besonders ist mir das Schicksal von drei Berliner Jungen in Erinnerung geblieben. Sie waren 17 Jahre alt und kamen mit drei von ihren Lehrern. Vor den Bomben war die ganze Schule nach Polen ausgewichen, vor den anrückenden Russen war sie nach Thüringen geflohen. Hier löste sie sich beim Zusammenbruch auf. Ein Teil der Jungen, die wegen des Ausfalls der Verkehrsmittel oder aus anderen Gründen nicht zu ihren Eltern zurückkehren konnten, wurden von Bauern aus den Dörfern unweit Camburg aufgenommen und mit rührender Liebe gepflegt. In diesen Häusern fand die Obengenannten eine umherschweifende Abteilung von Russen und lieferte sie in die Gefängnisse ein, von wo aus sie nach langen, quälenden Verhören und vielen Mißhandlungen nach Buchenwald kamen. Die drei Lehrer starben, von den drei Jungen kamen zwei mit Tuberkulose heim.

Eine andere Gruppe von Jugendlichen stammte aus der Gegend von Eisfeld. Sie waren kräftige Landjungen, lebhafte Südthüringer, ein wenig älter als die Berliner. Man klagte sie der Spionage an, woran nicht ein

Millionen Menschen aus ganz Europa, die in der deutschen Industrie als Zwangsarbeiter eingesetzt wurden. 1946 als Kriegsverbrecher hingerichtet.

2 (Überwiegend jugendliche) Freischärler, die in der Endphase des Krieges den Kampf hinter den feindlichen Linien fortführen sollten – mehr ein Produkt der nationalsozialistischen Kriegspropaganda als Realität.

wahres Wort war. Es fehlte nicht weniger als alles, um aus diesen Buben Agenten der Amerikaner zu machen. Aber ihre Dörfer lagen unmittelbar an der bayerischen oder hessischen Grenze, am Rande der amerikanischen Zone also. So gerieten diese jungen Burschen in die raffinierte Quälerei sowjetischer Gerichtsverhandlung.

Eine andere Spionageaffäre wurde mir bekannt, als Herbert B., ein Studienfreund von mir, der zuletzt als Zahnarzt in einer thüringischen Kleinstadt tätig gewesen war, ins Lager kam. Ich erfuhr sein Eintreffen sofort und suchte ihn, allen strengen Verboten zum Trotz, schon in der Quarantänebaracke auf, erreichte es auch bei der deutschen Lagerleitung, daß er am Ende der Quaratänewoche meiner Baracke zugewiesen wurde und hatte ihn viele Monate als Tisch- und Bettnachbarn. Fast unfaßbar, was er erzählte: Aus dem Kriege heimgekehrt und seiner Tätigkeit nachgehend, wird er eines Tages als Chefspion einer Thüringer Gruppe verhaftet, mit ihm einige Saalfelder Wirte und Kellner und ein Jenaer Fabrikant. Die Männer hatten nicht voneinander gewußt, sich z. T. nie gesehen, mit Spionage auch nicht das Geringste zu tun gehabt. Auch sie erduldeten die hundertfach beschriebenen Martern eines sowjetischen Gerichtsverfahrens, wurden, da sie kein Schuldbekenntnis unterschrieben, freigesprochen und hörten als letzten Satz des Urteils, was ihnen märchenhaft schön in den Ohren klang: Zur Entlassung nach Buchenwald! Parteigenossen waren nur einige gewesen, auch hatte dies im Prozeß keine Rolle gespielt. So lag denn auf ihren Gesichtern eine heitere Überlegenheit uns Politischen gegenüber, die sie freundlicherweise nur wenig merken ließen. Wir anderen beneideten sie und versorgten sie mit Nachrichten an unsere Angehörigen. Ich schätzte mich glücklich, einen so guten Weg dahin zu haben. Denn alles, was sich im Lager befand, Angehörige der Intelligenzberufe wie der Handarbeitenden, alte, junge und Nicht-Parteigenossen, war damals noch der unerschütterten Meinung, daß einem gegebenen Wort, einem Richterspruch besonders und noch einmal besonders dem einer Macht, die ihren politischen und militärischen Sieg ihrer sittlichen Überlegenheit zuschrieb, eine festumrissene Wirklichkeit entsprechen müsse. Man war sich auch einig, daß leicht ein Vierteljahr vergehen könne, bis die Ausführung erfolge. Selbst die Freigesprochenen richteten sich auf eine solche Frist ein. Ging es doch nirgends, soweit wir sehen konnten, büromäßig sehr ordentlich zu und auch nirgends schnell. Das milde Licht der Worte: „Zur Entlassung nach Buchenwald!“ half darüber hinweg, und ein Strahl von diesem Licht fiel auch auf uns andere. Buchenwald schien eben ein „Entlassungslager“ zu sein. Dem ständigen Suchen nach einem Zweck des gesamten Verhaftens und Internierens, nach dem Sinn und der Dauer aller damit verbundenen Einrichtungen war damit eine einleuchtende und nicht unbegründete Antwort gegeben.

Zur Entlassung nach Buchenwald! Herbert B. hat bis zum Frühjahr 1950 warten müssen, Walter Sch., der Jenaer, wartet in einem Zuchthaus der Ostzone heute noch darauf.

Wie hatte diese Sache begonnen? – Ein Denunziant hatte gewirkt. Ein gänzlich gewissenloser, ein zur Voraussicht der Folgen seiner Tat unfähiger, von wilder Gier nach Tabak, nach Lebensmitteln, nach ein paar Pfennigen getriebener Mensch hatte sich das ganze ersonnen, wobei er die Vorstellungswelt seiner Denunziation schlechter Lektüre entnommen hatte. Aber die sowjetischen Behörden hatten die Sache bereitwilligst aufgegriffen. Sie hatten auch dem üblen Subjekt, das von dem geringsten Maß kriminalistischer Erfahrung entlarvt worden wäre, Beachtung geschenkt. Ich bin freilich fest überzeugt, daß die GPU-Offiziere ganz genau im Bilde waren. Aber sie nahmen die Sache auf und ließen den Apparat laufen. Sie verhafteten, verhörten, konfrontierten, recherchierten. Daß dabei unbescholtenen Menschen die Ehre genommen, Existenzen vernichtet, Gesundheit untergraben, Kinder zum Verhungern, Frauen zur Verzweiflung getrieben wurden, kümmerte sie nicht. Oder kümmerte es sie doch? Wollten sie etwa all dieses herbeiführen?

Seltsam war in diese Geschichte das Schicksal von Walter Sch., dem Jenaer Fabrikanten, verwickelt. Eigenartigerweise kannte ich ihn auch, da er mich während der Kriegsjahre als Kraftfahrer gelegentlich gefahren hatte. Der Denunziant hatte behauptet, einen der angeblichen Spione kenne er wohl dem Aussehen aber nicht dem Namen nach, wisse auch, daß er in Jena wohne und werde ihn dort finden. Auch dieses Nichts an Aussage – denn die Stadt hatte immerhin 80 000 Einwohner – nahmen die sowjetischen Offiziere als Tatsachenmitteilung und begleiteten den Mann nach Jena. Dort trat er nach kurzem Gang durch die Straßen an eine Gruppe von Personen heran, deutete auf Sch., den er nie zuvor gesehen hatte, und sagte: „Der ist's!“ Wie er ging und stand mußte Sch. den Russen folgen, ein völlig Unschuldiger.

Die Russen schickten am Ende des Spiels mit fünf Menschen den Denunzianten auch nach Buchenwald. Er mußte dort in die Abteilung für Irre aufgenommen werden.

Gegenüber den Tausenden von Politischen zählte die Gruppe der „Werwölfe“ und Spionageverdächtigen nur wenige Hundert. Aber im Januar 1946 kam wieder ein Zustrom von Tausenden. Ich erinnere mich des Tages genau, er war nebelgrau wie die meisten Wintertage in Buchenwald. Da quoll durchs Tor und überquerte den großen Appellplatz dieser erschütternde Zug der 6000. Was da an Bildern des Elends zu sehen war, überbot alles, was wir Thüringer boten, bei weitem. Mich erinnerte der Anblick an ein Bild der geschlagenen napoleonischen Armee, das in meiner Kindheit in einem Schulsaal gehangen hatte. Mit unnatürlicher Deutlichkeit trat es in jenem Augenblick mir vor die Augen. Da waren sie, die von schwarzen Bartstoppeln umrahmten Gesichter mit den tiefen Falten und den Augen, aus denen die Hoffnungslosigkeit sprach. Die wenigsten hatten noch irgendwelchen Besitz zu tragen. Ein im Vorbeigehen abgebrochener Stock, eine leere Konservenbüchse, als kostbares Eßgeschirr gehütet, ein Löffel in der Rocktasche, das war alles. Gekleidet waren manche in Polizeimäntel, die den im Sommer Verhafteten und Ausgeplünderten im Winter von den Sowjets aus einem deutschen Magazin gegeben worden waren. Das Gros war ohne Mäntel, teils in leichtester Sommerkleidung. Einige trugen weiße Skifahrer- oder Tarnmützen, weshalb sie anfangs „Maiglöckchen" genannt wurden. Länger haftete der Name „Landsberger" an ihnen, den wir ihnen gaben, weil sie aus dem Lager Landsberg an der Warthe gekommen waren. Im Laufe der Zeit verloren sich jedoch alle Sondernamen, wie sich alle landschaftlichen und anderen Besonderheiten verloren. Es blieb schließlich nur eine unterschiedslose Masse der Elenden und Verzweifelten übrig, die sich freilich, das merkten wir nach der Entlassung, als Lagergezeichnete von den Menschen der Freiheit unterschieden.

Wie nahe die „Landsberger" schon bei ihrer Einlieferung dem Auslöschen gewesen waren, zeigte sich mir, als ich etwa eine Woche nach ihrer Ankunft mit einem Kommando außerhalb des Lagers am Bahndamm einige hundert Meter vor dem Bahnhof Buchenwald sieben Leichen mit Polizeimänteln und mit weißen Mützen fand. Ich mußte dem russischen Lagerchefarzt, einem kaukasischen Fürstensohn, der als solcher von den Russen später verbannt wurde, genau die Stelle beschreiben. Er hieß mich mit meinen Leuten Gräber machen, die ich nach einigen Tagen geschlossen fand. Es war nicht die geringste Erhöhung zu merken und die nadeldurchsetzten dünnen Rasenstücke waren wieder genau eingesetzt. Die Stelle lag außerhalb des damaligen Beerdigungsplatzes. Die sieben Leichen aber waren verschwunden. Wer kennt die Namen der Männer, die hier ruhen? Wer wird den Ort je wiederfinden?

Nach dem Zufluß der „Landsberger" war das Lager Buchenwald in der Hauptsache auf seine Stärke gebracht. Es kamen von da an nur noch einzelne Verhaftete. Sehr erhebliche Veränderungen der Belegungsziffer traten dann freilich noch ein, aber sie rührten von Verlegungen von Lager zu

Lager, vom Abtransport nach Rußland und vom Walten des Todes her. Die Höchstzahl, die erreicht wurde, schätze ich auf 17 000. Zu Anfang der Entlassungsaktion im Sommer 1948 betrug sie wieder 12 000, zu Ende dieser Aktion 3000 bis 4000 und schwoll dann noch einmal bis auf mehr als 10 000 an.

Verhaftungsgeschichten

Nachdem die im Lager zusammengebrachte Menschenmasse sich ihr Leben notdürftig geordnet hatte und die Gewohnheit begann, die harten Ecken ein wenig zu mildern, huben unsere Gedanken an, rückwärts zu gehen. Aus der Betäubung erwachend, fingen wir an, nach der Herkunft des niederschmetternden Schlages zu fragen und uns die Umstände ins Gedächtnis zu rufen. Und eben weil diese Frage jeden der 12 000 beschäftigte, bot sich die Veranlassung zu der ersten seelischen Lagerkrankheit; oder ein wenig anders ausgedrückt, da das seelische Leben überhaupt krankhaft war, trat das erste Massensymptom dafür auf. Der nachträgliche Verhaftungsschreck äußerte sich im Erzählen der Verhaftungsgeschichten.

Man hörte sie aus den dunklen Pritschenecken. Sie schlugen bruchstückhaft ans Ohr, wenn man in den Lagergassen promenierenden, stehenden oder hockenden Gruppen begegnete. Sie waren über drei, vier Köpfe hinweg zu vernehmen, wenn man an warmen Tagen an der Barackenwand saß. Im Hindämmern der Beschäftigungslosigkeit öffnete man Ohr und Sinn bald nach hier, bald nach dort. Man bot sich gern zum Zuhörer, weil man selber auf die Erleichterung wartete, die die Ausschüttung des Kummers dem betrübten Herzen bereitet. Anfangs brachte man echte Teilnahme auf, später reichte es bei der zunehmenden Abstumpfung nur zu flüchtiger Aufmerksamkeit. Schließlich gab es erregte Auseinandersetzungen, Zornesausbrüche und Fluchten, wenn einer für ein Einzelleid besondere Teilnahme forderte. Hier schleppte jeder sein Bündel mit sich, hier gab es überhaupt nur Menschen, die man in jeder anderen Gesellschaft wie Leidtragende am offenen Sarge behandelt hätte.

Ihr natürliches Ende fand diese Periode, als die Hoffnung auf baldige Erlösung starb. Wer die Vergangenheit aufruft, setzt sich mit ihr auseinander. Wer sich auseinandersetzt, hofft noch auf eine Zukunft, in der er die Lehren aus der Vergangenheit anwenden will. Als wir an keine Zukunft mehr glaubten, gaben wir die Vergangenheit auf, fürchteten sogar in der Schwäche unserer Körper die Erregung, die das Erinnern bereitet.

Es war aber so etwas wie eine allgemeine Verständigung über die Umstände bei der Verhaftung erreicht worden. Es hatte sich eine Normalschwere der Erlebnisbelastung herausgeschält, über die man weiter nicht sprach. Über sie heraus ragten wie Segel aus dem Meer einzelne Namen als Symbole besonders gräßlicher Ereignisse. Von ihnen wurde immer wieder einmal gesprochen, und jedesmal krampfte sich dabei das Herz zusammen. Worte wie „GPU-Keller Lichtenberg“[3], Lager Weesow[4], Lager Ketschendorf[5], Amtsgerichtsgefängnis Saalfeld, „Hutschachtel“ genannt, Amtsgerichtsgefängnisse Jena, Hildburghausen und Altenburg wurden im Laufe der Zeit allen bekannt. Es wußte jeder Buchenwäldler von vielen anderen so gut Bescheid, daß jene Erzählungen bis in diese Zeilen hinein Material zu liefern vermögen.

Hier ist als erste meine eigene Verhaftungsgeschichte.

Eine starke Militärmacht war es, die am 9. September 1945 in meiner Wohnung erschien: ein Leutnant und vier mit Maschinenpistolen bewaffnete Soldaten. Sie hatten schon am vorhergehenden Tage Erkundigungen eingezogen und das Haus beobachtet. Der Offizier, an meinem Schreibtisch sitzend, forderte mich durch den Dolmetscher auf: „Nennen Sie Ihren Blockleiter!“ Antwort: „Ich war als Soldat lange abwesend, ich weiß den Namen nicht mehr.“ Der Offizier: „Nennen Sie Parteigenossen aus Ihrem Bekanntenkreise.“ Antwort: „Diese Männer sind Soldaten und noch nicht heimgekehrt.“ Der Offizier ließ auch diese zweite Ablehnung passieren. Es folgte die dritte Aufforderung: „Nennen Sie Frauen aus Ihrem Bekanntenkreis, die Parteigenossen waren.“ Ich antwortete zögernd: „Ich kenne keine.“ Vierte Aufforderung: „Nennen Sie Funktionäre Ihrer Ortsgruppe!“ Es ist mir klar, daß jetzt ein Ausweichen nicht mehr möglich ist. Ich überlege schnell, wen ich nennen kann, ohne ihn zu gefährden. Ich nenne dann zwei oder drei Namen, von deren Trägern ich weiß, daß sie entweder als Soldaten noch abwesend oder schon verhaftet sind. Ein Name kommt dem Offizer bekannt vor. Er wiederholt ihn ein paarmal und blättert in seinem Notizbuch. Ich kann in das Notizbuch hineinsehen und lese dort den Namen in großer deutscher Blockschrift. Nun ist der Offizier befriedigt und läßt durch den Dolmetscher die verhängnisvollen Worte aussprechen: „Du mitkommen!“

In meinen Stühlen und auf dem Sofa räkeln sich die Soldaten, ihre Pistolen haben sie umgehängt. Der Dolmetscher spielt mit meinem auf dem Schreibtisch liegenden Taschenmesser. Ich fühle mich noch so sicher in meiner europäischen Rechtsauffassung, daß ich ihn auffordere, das mir als Geschenk wertvolle Stück an seinen Platz zu legen. Ich habe erst viel

3 Gefängnis der sowjetischen Geheimpolizei in Berlin-Lichtenberg
4 Sowjetisches Internierungslager bei Werneichen, 1945 aufgelöst
5 Sowjetisches Internierungslager bei Fürstenwalde, 1947 aufgelöst

später begriffen, wie ich in jenem Augenblick mit dem Feuer gespielt habe, aber der Mann folgt meiner Aufforderung. Der Offizier tritt vor die langen Reihen meiner Bücher. Sein Blick gleitet stumpf darüber hinweg. Er fordert zum Abmarsch auf.

„Was mitnehmen?" frage ich. „Mantel und Hut." Ich frage weiter, wie lange ich abwesend sein würde. Da zuckt er die Schultern und gibt die echt russische Antwort: „Was weiß ich? – Vielleicht zwei Tage, vielleicht zwei Wochen, vielleicht zwei Jahre." Dann setzt sich der Zug in Bewegung. In der Diele hat sich die verschreckte Familie versammelt, die Frau, vier Kinder, die alte Mutter. Ich schreite an ihrer Reihe vorbei wie an einer Front und kann dieses Bild der Front weinender Augen für Jahre nicht loswerden. Die Soldaten poltern hinter mir die Treppe herab. Sie hatten auch nicht ein Stück aus meinem Besitz mitgehen heißen.

Wenn ich dies erzählte, pflegte der ganze Zuhörerkreis kopfschüttelnd zu sagen: „Hast Du aber Glück gehabt." Sie hatten ganz anderes erlebt, insbesondere die Berliner. Für sie waren mit der Verhaftung untrennbar verbunden: nächtliches Eindringen, Hausdurchsuchung, Plünderung, Prügel.

Der Thüringer Lehrer G. hatte zur Zeit seiner Verhaftung ein Geschwür in der Nase. Die Offiziere schlugen ihn so, daß Eiter und Blut über Anzug, Tisch und Schriftstücke flossen. Dem Bauern B. aus der Eisenacher Gegend bedeutete der Offizier, er solle ihn durchs Haus begleiten und sein persönliches Eigentum bezeichnen, das sei alles beschlagnahmt. So riß man denn jeden Kleiderschrank, jede Truhe, jede Kiste und jeden Schubkasten auf und belud sich mit allem, was man wünschte. Das Auto, in dem der Haufe gekommen war, war prall gefüllt. Es kam auch in den folgenden Tagen wieder und fuhr nochmals gefüllt davon.

In den großen, sauberen Höfen der Grafschaft Camburg holte man Schweine, Schafe, Rinder, Pferde, Hühner, Gänse und Enten, Jagdgewehre, Pelze, Polstermöbel und was weiter einem Menschen vom Don oder von der Wolga in Mitteleuropa so gefallen mag.

„Packen Sie Ihrem Mann harte Wurst ein", sagt der Soldat zur Frau des Verhafteten, wenn er selbst Appetit darauf hatte. Hinter Bargeld war man sehr her. Ladenkassen von 10 bis 30 000 Mark, Brieftaschen mit 1000 und 2000 Mark wanderten in die gierigen Hände, Uhren, Radioapparate und Fahrräder nicht weniger. Die Verhaftungen waren einfach der Anlaß zur Plünderung und die Lust zum Plündern der Anlaß zu immer neuen Verhaftungen. Dabei wurde keinesfalls nur in den Häusern der Wohlhabenden, nach russischem Sprachgebrauch also der Kapitalisten, geplündert. Es erschütterte mich immer, wenn meine lieben Freunde vom hohen Thüringer Wald, diese einfachen Glashüttenarbeiter, Glasbläser und Instrumentenmacher aus der Gegend von Schleusingen, Suhl, Lauscha und Sonneberg erzählten; diese kleinen Leute, die es durch strengen Fleiß von Mann und Frau von den Kaninchen zur Ziege, von der Ziege zum Schwein und schließlich zur Kuh gebracht hatten. Ihnen hatte man jedes ihrer Tiere genommen und was sich in Keller und Rauchkammer gefunden hatte noch dazu. Dem Fabrikarbeiter aus Gera oder dem Meuselwitzer Kohlengebiet war aus seiner blitzsauberen Wohnung von 1½ Zimmern der mühsam auf Raten erworbene Radioapparat ebenso genommen worden wie das zum Weg zu seiner Arbeitsstätte dringend notwendige Fahrrad. Einer erzählte sehr hübsch, wie er sich im Ärger darüber auf die sozialistische Verbundenheit berufen und sich Genosse genannt habe. Zur Antwort sei ihm zugerufen worden: Du nix Genosse, du Germanski!“

Alles aber, was wir Thüringer von blindwütigem Verhaften, von Plünderung und Gewalttat erzählen konnten, wurde weit übertroffen durch das, was die „Landsberger“ zur berichten hatten. Thüringen war zwei Monate nach dem Ende der Kampfhandlungen besetzt worden. Die Verhaftungen erfolgten also unter dem Recht des Waffenstillstandes und in der Stimmung des beendeten Krieges. Jene Kameraden aber waren in den deutschen Ostprovinzen und in Berlin im Taumel der Kriegshandlungen selber verhaftet worden. Zu den Bildern des Grauens, die sie in die Untätigkeit des Lagerlebens verfolgten, gehörten nicht nur die ihrer eigenen Verhaftung und der Ausplünderung ihres Heims, sondern auch die der Bombennächte, der Straßenkämpfe und der Vergewaltigungen ihrer eigenen Frauen, die sie zuweilen mehrmals hatten mitansehen müssen.

Übergangshaft

Zwischen der Verhaftung und der Einlieferung in das Lager lag eine sehr schwere, für viele Hunderte tödliche Zeit: die der Verwahrung in Interimsgefängnissen und der ersten Verhöre.

Bei mir selbst ließ sich die Sache zunächst harmlos an. Die große militärische Macht mit dem Offizier an der Spitze verringerte sich schon an der Tür meines Hauses auf einen Soldaten, der mich mit umgehängter Maschinenpistole in eine gänzlich ausgeplünderte Villa gegenüber einem unserer Bahnhöfe brachte. Dort fanden sich im Laufe des Tages gegen 60 Männer und 10 Frauen ein. Eine bunte Gesellschaft! Da gab es in ihren Wohnungen Verhaftete wie mich, auf der Arbeitsstelle gleich in großem Schub Ergriffene und dazu, was eine Razzia wegen mangelnder Personalausweise erbracht hatte. Viele wurden nach Stunden, andere nach Tagen entlassen, neue kamen ständig hinzu. Auch unter denen, die bleiben mußten, war die Stimmung nicht trübe. Wir schauten aus den Fenstern auf das Leben und Treiben in den Straßen hinab. Die Frauen kamen und gaben Körbe mit Essen ab, die von den Wachen wohl durchsucht, aber doch richtig abgegeben wurden. Wir musterten unsere eigenen Reihen und fanden, daß ganz überwiegend einfache Parteigenossen, Blockleiter und Kassierer, Helfer aller Art, kurzum die ganz unterste Reihe des vielverästelten Parteiaufbaues hier zusammengebracht war. Das war leicht erklärlich; denn wer gedacht hatte, sich fürchten zu müssen, der war entweder von den Amerikanern geholt oder war vor ihnen geflohen. Wir lachten darüber, wie den Russen alle fetten Bissen entgangen waren. Wir lachten auch über die Unbekümmertheit, mit der man uns ohne Übernachtungsgelegenheit und ohne Verpflegung ließ, sich überhaupt nicht um uns kümmerte. Wir streckten uns noch immer lächelnd am Abend auf die Dielen zum Schlafen nieder. Wir holten in Gesprächen und im Traum Bilder aus weit zurückliegenden Militärtagen oder aus längst durchpassierten Parteischulungslagern hervor. Am zweiten Tag fand ich in einer Fensternische ein Buch aus dem Eigentum des vertriebenen Besitzers, den „Kleinen Graetz“[6], dieses prachtvolle Büchlein über die Elektrizität, das Muster einer ein unendlich kompliziertes Gebiet in wenigen klaren Linien zusammenfassenden Darstellung. Ich verschlang das Büchlein in wenigen Stunden, obwohl sein Gegenstand allem, was ich in den letzten 15 Jahren

6 Leo Graetz: Der Graetz für alle. Kleines Handbuch der Elektrizität, Stuttgart 1929

als meine Lebensaufgabe betrieben hatte, sehr fern lag. Ich ahnte nicht, daß dies – mit einer einzigen Ausnahme – für drei Jahre mein Abschied vom Buch sei.

Nur drei Tage dauerte dieses, die Schrecken einleitende Idyll, und doch stieg schon hier unter den Bedingungen der Isolierung wie die Sonne aus wogenden Morgennebeln das tröstende Gerücht, Gerede, Geschwätz, die Parole, wie wir später nur noch sagten, auf. Diese geflüsterten Worte, die sich ausgeben als ein Bote der Welt draußen und die doch nirgend anders herstammen als aus der abgeschlossenen Welt selber, die ein unbewußt und unbemerkt geborenes Kind der Mutter Masse sind, eine Fata Morgana, in der sie sich die Wasserstelle des Trostes selber schafft. Wie hätten wir das in jenem Moment durchschauen können? Man glaubte ja so etwas nicht gerade mit unerschüttertem Kindergemüt, aber man ließ es sich doch gerne erzählen und wollte mit den wenigen totalen Skeptikern und nüchternen Kritikern nicht gerne etwas zu tun haben, die jedes dieser zarten Gebilde unbarmherzig zerpflückten. Menschen, die den Gefahren jahrelangen Tropenaufenthaltes entronnen sind, pflegen beim Erinnern an die Scharen ihrer vom Fieber hingerafften Kameraden zu sagen, nur der lebe noch, der nicht ganz nüchtern gewesen sei. Ähnlich darf der Häftling, wenn ihn die Schatten der Toten schrecken, behaupten, nur der sei heimgekommen, der sich der Täuschungswelt der Parole nicht ganz verschloß, ohne jedoch in ihr unterzugehen. Denn wer sich diesen Gebilden hemmungslos hingab, der verwahrloste geistig, oder es holte ihn der Wahnsinn.

Nun also, das tröstende Lied, das leise durch jene leeren Wohnzimmer am Bahnhof klang, lautete: Man bringt uns nach Pirna in ein Lager zu einer Arbeitsleistung als Buße und zu einer gedanklichen Beeinflussung. Das wird etwa fünf bis sechs Wochen dauern.

Warum nach Pirna, warum fünf bis sechs Wochen? Wie kam man auf so konkrete Angaben über Ort und Zeit? Woher die Überzeugungskraft? Aus einer Fehlbeobachtung? Aus einem sprachlichen Mißverständnis? Aus reiner Phantasie? Aus satanischer Lust, die Leidensgenossen zu quälen? Aus dem Übermut der Wachsoldaten? Aus der gefängnispsychologischen Erfahrung der GPU[7], die sich dadurch ihren Wachdienst vereinfachte? – Es sind alle diese Dinge mit im Spiel gewesen.

Interessant war die während vieler Monate nicht zu vertreibende Erwartung, daß wir einer gedanklichen Beeinflussung unterworfen wür-

7 GPU (russ. für: Staatliche Politische Verwaltung) Sowjetische Geheime Staatspolizei, Vorläufer-Organisation des KGB

den. Es verbarg sich darin die aus Jahrtausende alten Auseinandersetzungen der westeuropäischen Völker miteinander geschöpfte Annahme, daß auch der Unterlegene dem Sieger noch etwas wert sei. Ist er doch selber auch Sieger gewesen und kann es auch morgen wieder sein und wird dann die Tugenden des Siegers zu bewahren haben: Ideen und Sittlichkeit.

Ja, man kann in dieser Erwartung den Ausdruck uralter, das Weltgeschehen mythisch begreifender Geisteshaltung sehen: der Gott der Sieger hat sich als größer erwiesen als der eigene. Nun, Sieger, verkündige Deinen Gott! Wir nehmen auf!

Aber, es kam anders. Ich darf hier kurz die Lehre der langen Haft vorwegnehmen. Sie lautete: Dieser Sieger hatte keinen Gott zu verkündigen. Ihm eigneten weder Ideen noch Sittlichkeit. Er bejahte den Unterlegenen nicht im geringsten Teil von dessen menschlichem Sein und geistiger Art. Er verfügte über eine mechanische Theorie und entnahm ihr die Vollmacht zur totalen Vernichtung, die er lediglich durch momentane Rücksichten in ihrem Tempo variierte. Besiegtwerden durch den Bolschewisten ist eben kein Unterliegen im europäischen Wechselspiel zwischen hochwertigen, eigengearteten und historisch gleich basierten Völkern, es ist etwas wie das Verschlungenwerden von Meeresfluten, es ist die Vernichtung an sich.[8]

Der Weg aus dem Sammelpunkt führt aber nicht nach Pirna zur Schulung und zur Entlassung, sondern in das Amtsgerichtsgefängnis der Stadt, das ganz und gar in den Händen der GPU war.

Ich hatte wenige Tage vor meiner Verhaftung die Schilderung einer Einlieferung in ein unter Sowjetordnung stehendes sächsisches Gefängnis gehört. Dort war der Betroffene in einen dunklen, überfüllten, übelriechenden Kellerraum gestoßen und in dem Moment, den er brauchte, um seine Augen an die Dunkelheit zu gewöhnen, von offenbar kriminellen Häftlingen niedergeschlagen und ausgeplündert worden. Diese Erzählung belastete mich in dem für einen bürgerlichen Menschen überhaupt unfaßbaren Augenblick, da sich die Zellentür öffnete und ich hineingestoßen wurde. Ich kniff die Augen ein, krümmte mich wie ein Tormann, der einen Ball erwartet, preßte meine wenigen Sachen fest unter die Arme und stand alles Bösen gewärtig. Aber es kam nichts Derartiges, nur ich

8 Die Urangst des Verschlungenwerdens als Metapher für den Sieg des Kommunismus ist für die Männer der Generation Ernst Klotz' ganz offensichtlich zentraler Topos ihrer soldatischen Erfahrung gewesen. Klaus Theweleit hat diese Erfahrung, wie sie sich in Autobiographien der zwanziger Jahre findet, zum Ausgangspunkt seiner Untersuchung „Männerphantasien" (Frankfurt 1979) gemacht.

bot eine komische Figur. So leidet der Mensch außer unter den wirklichen noch unter erdachten Nöten.

Ich war der siebente, der in diese Einmannzelle des Amtsgerichtsgefängnisses geführt wurde, und das war doch etwas viel für den sonst nicht unfreundlichen Raum, den die Mittagssonne des September so hell ausleuchtete. Die Zelle war so klein, daß man höchstens zwei Schritte gehen konnte und daß wir nachts den ganzen Holzfußboden eng aneinandergepreßt bedeckten. Rechts und links blieb kaum eine Handbreit frei, unsere Köpfe stießen an die Wand und unsere Längsten bis an die gegenüberliegende Wand.

Die üblichen Gefängnisschikanen: Verbot des Liegens bei Tag, des Einnickens oder nur Schließens der Augen im Sitzen, die Waschzeit von nur zwei Minuten für die ganze Zelle, das Verhindern der Abortbenutzung während des ganzen Tages und wieder nur das Gewähren von vier oder fünf Minuten zu diesem Zweck für die ganze Zelle und zur gleichen Zeit kamen uns bei der relativ guten körperlichen Verfassung und der Frische und Entschlossenheit, in der wir uns noch befanden, nicht viel schlimmer als Nadelstiche vor. In einer Nachbarzelle kam man auf den Gedanken, eine große Gurke, die einer zufällig mitgebracht hatte, auszuhöhlen und als Uringefäß zu benutzen. Man leerte das „Gefäß“ mit großer Vorsicht durch eine Fensterritze.

Die Zusammensetzung in der Zelle war der im Sammelpunkt gleich: ein Blockhelfer, ein Blockleiter, ein Kassierer, einer, der in einer Ortschaft von nur 70 Köpfen die Parteigeschäfte geführt, einer, der die Arbeitsfrontangelegenheiten in seinem Betrieb erledigt hatte. Den Berufen nach waren vorhanden: ein Studienrat, zwei Volksschullehrer, ein Bäckermeister von fast 60 Jahren, ein Weichensteller der Eisenbahn, ein Techniker aus dem Eisenbahnbetrieb und einer aus der Zementindustrie. Also wieder: kleine Leute!

Darum machten wir uns auch jetzt noch keine ernstliche Sorge, wie dies ausgehen werde. Welchen Sinn hätte es haben können, solche Männer, von denen keiner eine führende Stellung gehabt, keiner unter den Parteigenossen vom Ursprung war, lange festzuhalten? Wo waren hier Grundlage und Anlaß zu einem gerichtlichen Verfahren? Was hätte die Verwahrung solcher Leute als Geiseln eingebracht?

Daß die Verhaftungen rechtlos geschahen, mochte mit der noch andauernden Kriegspsychose entschuldigt werden; daß sie zu neun Zehntel vom Zufall bestimmt waren, auch, aber einen Zweck mußten sie doch haben, denn bloße Vernichtung ist kein Zweck! So dachten wir in Zelle 5, und so dachten sie alle, die das Gebäude vom Keller bis zum Dach füllten.

Wie schwer gelangt man doch zur richtigen Auffassung der eigenen Lage, wenn man sich in Gefahr befindet. Die einfache Beobachtung der Lage der sieben Eingeschlossenen hätte mich darüber belehren können, daß alles an einem Faden hänge.

Als ich die Zelle betrat, krümmte sich einer, der Weichensteller, vor Schmerzen. Er hatte seit elf Tagen keinen Stuhlgang gehabt, der schlimmste Fall von Verstopfung, an der wir alle litten. Nun hatte ich damals einen einzigen großen Apfel, ein Prachtstück, den mir meine Frau durch die Postenkette zugesteckt hatte. Der mich durchsuchende Russe zeigte den Apfel dem Offizier und der gestattete, vielleicht gerade, weil der Apfel so schön war, daß ich ihn in die Zelle mitnehmen durfte. Ich gab dem Kranken den Apfel, und der tat seine Wirkung. Selten habe ich einen Menschen mit so wenig so glücklich machen können. Aber es war zu spät gewesen. Der Kamerad kam ein wenig später als ich nach Buchenwald und starb dort nach ganz kurzer Zeit. Ebenfalls in den ersten Wochen nach der Einlieferung nach Buchenwald starb der andere Eisenbahner, ohne nennenswerte Krankheit, er erlosch wie ein Licht. Der Techniker aus der Zementindustrie wurde eines Tages abtransportiert, ihn verschluckte das sowjetische Gefängnischaos, ohne daß je eine Nachricht an Frau und Kind gekommen ist. Einer wurde merkwürdigerweise entlassen und erfüllte das Versprechen der Angehörigenbenachrichtigung. Die drei Lehrer machten Buchenwald von Anfang bis zu Ende mit und kehrten heim. Der eine von ihnen mußte allerdings bald darauf mit Frau und Kindern aus seiner Heimat, die inzwischen „Ostzone“ geworden war, fliehen, weil ihm die Besatzungsmacht erneut nachstellte. Von sieben also kamen drei um und wurden drei aufs Schwerste geschädigt. Hätte das nicht die Augen öffnen sollen? Das war die Wirklichkeit, in der wir standen, um die unser Denken kreiste, und die es in seiner Haftbefangenheit nicht bewältigen konnte.

Es gab noch zwei andere Tatsachen, die uns hätten belehren können: der Hunger und die Verhöre. Es gab zweimal am Tag eine Schüssel widerlich süß schmeckende Wassersuppe, in der ein paar Futterrübenschnitzel schwammen, und dazu etwa 250 g Brot. Ich war als Normalverbraucher ohne Beziehungen gewiß nicht verwöhnt, hatte auch während meiner Kriegsdienstzeit für Tage und Wochen bitteren Hunger kennengelernt. Aber dies war schlimmer. Es trat ein jäher Kräfteverfall ein, und es kam alles darauf an, wie lange die Gefängniszeit für den einzelnen dauerte. Ich kam mit 24 Tagen verhältnismäßig gut weg. Wer aber 12 bis 15 Wochen hier festgehalten wurde, dem war die Axt an die Wurzel gelegt. Die Gefängnisrationen waren im Gegensatz zu denen im Lager auf rasche Vernichtung eingestellt.

Nach der Einlieferung in die Gefängnisse geschah Tage und Wochen hindurch nichts. Man sah nur die im besten Falle stumpfen und faulen Posten. Sie nahmen keine Bitte auf, sie gaben kein Wort weiter, sie schlugen und traten. Alles Protestieren, Fordern, Bitten verhallte ungehört. Man hockte und döste in der immer hell erleuchteten Zelle. Man verrichtete kleine Arbeiten wie Fegen und Scheuern. Man verkam ohne Rasiermesser, Seife, Kamm, Zahnbürste am äußeren Menschen und – man hungerte.

In den Nächten hörte man Schlüssel klirren, Türen klappen, Kommen und Gehen, Schreien und Schießen in den Gängen und auf dem Hof. Es war Leben irgendwo, aber ein feindliches Leben, ein das Licht scheuendes Leben. Irgendwo wurde geschlachtet und gebacken, gegessen und getrunken. Wir hörten das Rollen der Wagen, das Laufen der Motoren, das Schreien und Brüllen der Schweine und Rinder. Wir hörten das Singen und Musizieren der Soldaten, und wir hörten Frauenstimmen dazwischen.

Endlich war die Reihe an mir. Nach Mitternacht klirrte der Schlüssel an der eigenen Zellentür. Eine rauhe Stimme zischte meinen Namen. Der Hahn einer Pistole knackte. Ich wurde angewiesen, die Hände auf den Rücken zu nehmen und zu gehen, und ich ging, gesteuert durch die Rufe von hinten.

Die Verhöre bestanden im allgemeinen aus einer einfachen Feststellung der Parteizugehörigkeit und der Tatsache, eine dieser kleinen Funktionen ausgeübt zu haben. Die Sowjets merkten wohl, daß sie nur die unteren Grade gefaßt hatten und argwöhnten stets, daß höhere Ämter verschwiegen würden. Dann griffen sie zu der ganzen Skala der Quälereien, und nichts, was aus der großen Literatur über solche Fälle aus Sowjetrußland berichtet worden ist, hat in Deutschland gefehlt. Weder die Anwendung von Hitze und Kälte, von Feuer und Licht, weder das stundenlange Stehen in schlotartigen Räumen noch das plumpe Schlagen mit den Fäusten und jedem gerade greifbaren Gerät auf jede empfindliche und empfindlichste Stelle des Körpers. Es steht fest, daß es dabei Tote gegeben hat, deren Körper in den dunklen Winternächten irgendwo in Gefängnishöfen und Gärten verscharrt worden sind. In den langen Tagen von Buchenwald, als wir unsere Erlebnisse austauschten, haben wir die Beweise dafür zusammengetragen. Aber der Mund vieler dieser Zeugen ist bald danach stumm geworden.

Die vernehmenden Offiziere zeigten eine bemerkenswerte Unkenntnis der deutschen Verhältnisse, auch des Aufbaus und der Gliederung der Partei. Sie begriffen zum Beispiel nie den Unterschied zwischen Dienststellung und Dienstgrad. Es waren ihnen gedruckte Organisationsbücher des Parteiapparates für Thüringen in die Hände gefallen, und es kam wohl vor, daß sie jemand verhörten und zugleich verborgen die Angaben des Organisationsbuches verglichen. Ihr Mißverstehen führte dann dazu, daß sie den Vorgeführten der Lüge bezichtigten, ihn mißhandelten und sich auf ihre Schlauheit viel zugute taten. Menschen aus den handarbeitenden Berufen wurden häufiger und schlimmer mißhandelt als die wenigen Glieder der Bildungsschicht, einfach, weil sie ungeschickter im Ausdruck waren.

Mich fragte der junge Leutnant, ob ich den Kommunismus auch für Deutschland für geeignet halte. Als ich rundheraus mit nein antwortete, änderte sich seltsam die Szene. Offizier und Dolmetscherin, beides junge Menschen, erhoben sich von ihren Plätzen. Zigaretten wurden hervorgeholt, auf den Tisch vor mich setzten sich die beiden, schlugen die Beine übereinander und redeten mit heißen Köpfen auf mich ein. Ich wurde an Gespräche mit Primanern, an Szenen und Schilderungen aus der russischen Revolutionsliteratur erinnert. Schaudernd begriff ich, hier sind Kinder, die Europas Geschicke lenken wollen, ohne von seinem Wesen nur eine Ahnung zu haben. Meine Antworten beachteten die beiden gar nicht, sie lachten, redeten und gestikulierten.

Ein Protokoll in russischer Sprache wurde abgefaßt, mir der angebliche, dürftige Inhalt summarisch mitgeteilt. Ich unterschrieb.

Danach beobachtete ich eine kleine, aber – wie ich glaube – inhaltvolle Szene. Auf dem Tisch lagen fünf oder sechs Zettel: einiges, was sich zufällig in meiner Brieftasche befunden hatte, völlig belanglose Notizen, ein Blatt mit meinen Personalangaben und das Protokoll. Der Herr Leutnant ließ sich einen Schnellhefter geben. „Thüringisches Amtsgericht" stand darauf. Er drehte ihn so, daß diese Seite nach hinten kam. Dabei fiel ein kleines Blatt heraus, den Vordruck für ein Inhaltsverzeichnis enthaltend.

Er beginnt, es auszufüllen. Auf seine Züge tritt ein Lächeln, das Lächeln eines Kindes, das schon die Arbeit der Großen verrichten kann. Jedes einzelne Stück blättert er auf und trägt es sorgfältig ein. Sein Lächeln vertieft sich. Jetzt ist er fertig. Er schiebt die Blätter zusammen und greift nach dem kleinen Büromaschinchen, mit dem man eine Drahtklammer durch Papiere treibt. Jetzt springt ein Soldat herbei, um dem Herrn Leutnant den Handgriff abzunehmen. Aber dieser wehrt energisch ab. Sein Gesicht strahlt jetzt. Sorgfältig schiebt er die Blätter in die Maschine, drückt, ein leises Knacken, es ist gelungen.

So spielten sie in Bürosesseln vor Schreibtischen mit viel Papierverbrauch – Europäer. Ich aber wurde in meine Zelle zurückgeführt und hungerte weiter.

Ein gütiges Geschick schien mir das, was es an Schwerem für mich bereithielt, in langsam sich steigernden Dosen verabreichen zu wollen. Dem verdanke ich wahrscheinlich mein Leben. Viele andere wurden ohne jeden Übergang in die Vernichtungsmaschine geworfen und gleich in ihre schärferen Gänge.

Da war der feinsinnige und gerade Arno G., Rat am Oberlandesgericht. Er wurde verhaftet, als er mit hohem Fieber im Bett lag und ohne Rücksicht darauf durch die gleichen für einen Kranken unerträglichen Verhältnisse fast ein Vierteljahr lang getrieben. Als ich ihn in Buchenwald wiedersah, fand ich ihn um 20 Jahre gealtert. Er war nur zum Sterben ins Lager gebracht worden.

Da war der Gewerbelehrer, Musikkritiker und Journalist Dr. Arno E., den eine Einzelzelle, in der er weder liegen noch stehen konnte, zusammen mit Hunger und Mißhandlungen so schwächte, daß ich ihn hernach in Buchenwald am Arm die etwa 500 Meter zum Appellplatz führen mußte. Wir brauchten fast eine halbe Stunde für diesen Weg. Es verging nicht viel mehr als eine Woche, da mußte ich ihn ins Lazarett geleiten. Und dann sah ich ihn noch einmal. Er lag auf einer Bahre, die anscheinend keine Erhöhung für den Kopf hatte. So war die Stirn ganz tief gesunken, Nase und Kinn starrten unnatürlich steil hervor. Es mußte furchtbar unbequem sein, so zu liegen. Er spürte es aber wohl schon nicht mehr. Einer trat herbei und legte ihm seinen Hut auf das Gesicht.

Da waren die vielen, denen das Saalfelder Amtsgerichtsgefängnis, das sie wegen seiner merkwürdigen Bauweise die „Hutschachtel“ nannten, zum Verhängnis geworden ist.

Als ich in Buchenwald meine Erlebnisse mit denen der anderen Thüringer vergleichen konnte, ergab sich die völlige Übereinstimmung. Man hatte überall die Häftlinge in Gefängnisgewahrsam gebracht und hatte, da die Amtsgerichtsgefängnisse nicht ausreichten, Ersatzräume aller Art benutzt. In Weimar war lange Zeit der ehemalige Marstall mit Häftlingen gefüllt. In Arnstadt waren es einige Räume im Rathaus, in Jena einige Villen im Westviertel der Stadt und einige Keller in Löbstedt. Ständig wurden Räume aufgegeben und andere bezogen, die auch nicht geeigneter waren. Das geschah, weil die Nachbarschaft auf das Treiben, das insbesondere die Nächte füllte, aufmerksam geworden war. Die Entfernungen mußten oft im Fußmarsch zurückgelegt werden, der Gelegenheit zu schweren Mißhandlungen bot. Es waren das in einem großen Teil des mittleren Thüringen dieselben Straßen, auf denen wenige Monate zuvor schon einmal Häftlinge in unmenschlicher Weise dahingetrieben und zu Tode gebracht worden waren.

Auch das Hungern war überall gleich. Die Anzahl und Art der Mahlzeiten und die Tagessätze stimmten so genau überein, daß man das Vorliegen einer Anordnung annehmen muß. Die Verhöre zeigten überall den gleichen Verlauf: veranstaltet in der Nacht, betrieben durch Zuckerbrot und Peitsche, beendet mit der Feststellung der Parteizugehörigkeit und der Amtsfunktion. Wochenlanges Festhalten ohne Verhör war dabei die Regel, und es hat sich vielfach ereignet, daß einer durch die Gefängnisse und durch die Konzentrationslager ging, ohne jemals vor einem vernehmenden Offizier gestanden zu haben.

So ist es vom ersten Tag des russischen Einmarsches in Thüringen, dem 3. Juli 1945, im ganzen Lande zugegangen. Rechnet man, daß etwa 6500 von diesen Inhaftierten nach Buchenwald, eine schwer abzuschätzende kleinere Menge in andere KZ, viele auch gleich nach Sowjetrußland transportiert, eine recht beträchtliche Anzahl durch Hunger und Krankheiten in den Gefängnissen und Unterkünften umgekommen ist, viele Tausende nach einer Haft von 24 Stunden bis zu einem halben Jahr entlassen wurden, dann wird man mit der Zahl von 20 000 Menschen, die von diesem Terror direkt betroffen wurden, nicht zu hoch greifen.[9]

Das ist die Tatsache, von der der Schrecken über das kleine Land ausging, den man erzeugen und erhalten wollte, damit die tiefgreifende Umgestaltung, die man plante, unter dem Anschein der Freiwilligkeit und der Mitarbeit der Bevölkerung durchgeführt werden konnte. Von dieser Tatsache aus, die selbstverständlich das Gerücht vergrößerte und vergröberte – denn es ist ja nie eine zusammenfassende und richterlich begründete Mitteilung darüber ergangen – ging die Lähmung des bürgerlichen und mehrheitssozialistischen Gegners aus. Gegen ihn waren die Maßnahmen gerichtet, wieviel man auch immer von Bestrafung der „Faschisten" redete und schrieb.

Dies ist zugleich auch die Tatsache, die in dem von den Sowjets beeinflußten Gebiet bis auf den heutigen Tag weiterbesteht. Nur die Mittel sind den veränderten Umständen entsprechend andere, feinere geworden. Überschaut man sie, so gewinnt man folgende Gliederung: ein halbes Jahr lang, also vom Einmarsch bis etwa Ende 1945, ging die Schreckwirkung von den Massen in den Gefängnissen aus. Von da an fast fünf Jahre

9 Diese Schätzungen beziehen sich nur auf die Zahl der inhaftierten Thüringer. Für die gesamte Sowjetische Besatzungszone wurde 1990 vom sowjetischen Innenministerium die Zahl von 122 671 Internierten genannt.

lang, also bis zum Frühjahr 1950, von den Konzentrationslagern. Seitdem ist sie in deutsche Hände gelegt worden. Sie geht heute von den Zuchthäusern wie Waldheim, Brandenburg und anderen aus.

Indem ich dies niederschreibe, berührt es mich seltsam und will mir fast unbegreiflich erscheinen, daß wir den systematischen Charakter unter der wahrhaft überwältigenden Wucht der Anschauung und bei dem Vorhandensein erheblicher theoretisch-politischer Begriffsmittel nicht begriffen haben. Nein, wir haben ein System des Schreckens als staatliche Lebensform von längerer Dauer nicht begreifen können. So sehr mich das heute kränkt, so sehr ist mir heute klar, daß eben dieses Nichtbegreifen unsere Durchhaltekraft gehoben hat. Es hat uns getröstet, daß wir glaubten, beim Gegner das Walten allgemeinmenschlicher Gefühle annehmen zu dürfen. Schwangere Frauen und Mütter mit Kindern weinten vor sowjetischen Offizieren, weil sie meinten, es könnte niemand so grausam sein. Hätten wir begriffen, daß uns nicht Menschen, sondern ein erprobtes System gegenüberstand, dann hätten wir gleich bei der Verhaftung jede Hoffnung aufgeben müssen und wären zugrunde gegangen.

Es wird uns niemand aus unserem Irren einen Vorwurf machen wollen. Der Mensch klammert sich nun einmal an einen hypothetischen Strohhalm, wenn ihm der Untergang droht. Man würde uns aber mit Recht einen Vorwurf machen dürfen, wenn wir heute aus einer freien Welt auf das Ganze dieser fünf Jahre zurückschauend den wahren Zustand nicht begriffen und unsere Erkenntnis nicht aussprächen.

Einzug im Lager

Es ist nach dem vorhergehenden begreiflich, daß die Eingliederung in das Lager zunächst ein Aufatmen der Erleichterung brachte. Hier drückten nicht die engen Zellenwände Körper und Gemüt. Man hatte als Bewegungsraum mindestens die Baracke und den freien Raum vor ihr, kam beim Essenholen durch das ganze Lager, ja, vielleicht sogar in den Wald oder die Straßen davor. Einige Glückliche gelangten bis Weimar oder Erfurt, zwei oder drei sogar einmal für eine Stunde in ihre eigenen Wohnungen und Familien. Für alle aber war die Zeit der Untätigkeit beendet, denn im ersten Vierteljahr wurde in Buchenwald von allen Gesunden gearbeitet.

Damit war die Verbindung mit Erde und Himmel, mit Sonne und Wind, ein wenig sogar mit freien Menschen wiedergewonnen. Die Glieder durften sich wieder bewegen, die Augen sehen, die Ohren hören. Wer je in lichtlosen Löchern gehockt oder auf einen Raum eingeschränkt gewesen ist, der für ein Huhn zu klein wäre, kann sich vorstellen, was dies alles bedeutet.

Wir hatten zu Klosett und Waschraum ungehindert Zugang. Wasser sprudelte aus hoher Säule über großem Steinbecken. Man konnte mit freiem Körper im großen Raum zu jeder Tages- und Nachtzeit sich reinigen und erfrischen. Man hatte für das Waschen der Füße besondere Becken. Welch eine Wohltat!

Hier war einmal zu einem niedrigen Zweck großzügig gebaut worden.

Auch die Kost war besser als in den Gefängnissen. Man merkte deutlich, daß – vielleicht mit dem 1. Oktober 1945 – Anordungen ergangen waren, die das Chaotische und Vorläufige der Kampfzeit und des Einmarsches, als die Truppen noch Träger der ganzen Aktion gegen die Zivilbevölkerung war, beendeten. Anscheinend bestimmte die GPU, wie wir, ohne die Umbenennung zu beachten, allgemein sagten, von nun an ausschließlich unser Schicksal.[10] Von da an wurde das Vernichten geplant betrieben, eine Erkenntnis, die ein gütiges Geschick uns freilich noch lange verhüllte.

Endlich wurden wir mit der Einweisung in das Lager nach Wochen und

10 Die sogenannten Speziallager in der Sowjetischen Besatzungszone waren dem Volkskommissariat für Innere Angelegenheiten der UdSSR (NKWD) unterstellt (ab 1946 umbenannt in MWD), dem auch die GPU organisatorisch zugeordnet war.

Monaten wieder einer größeren Gemeinschaft zugefügt. Fast 500 Menschen faßten die Steinbaracken, fast 200 die hölzernen (im Frühjahr 1946 waren es jedoch 600 bzw. 300). Vor der Küche, vor Bad und Wäscherei, im Lazarett und bei der Arbeit traf man auch mit solchen zusammen, mit denen man nicht zusammen wohnte. Damit stellten sich die natürlichen Verbindungen wieder her. Die Dorf- und Stadtgenossen, die Landsleute, die Berufskameraden trafen sich wieder. Thüringen ist schließlich ein kleines Land, in dem sich viele kennen. Ich habe aus allen vier Städten Thüringens, in denen ich mich während zweier Jahrzehnte aufgehalten hatte, Freunde und Bekannte wiedergetroffen. Es gab Väter, die ihre Söhne und Töchter im Lager antrafen, ebenso Männer, die ihre Frauen hier fanden.

Eine Folge davon ist schon beschrieben worden: das Heraussprudeln der Verhaftungsgeschichten. Mit ihm ging natürlich das gegenseitige Ausfragen nach Heimat, Beruf und Familie zusammen. Vielen mag das einfache Mitteilen und Anteilnehmen genug gewesen sein. Bei den meisten stand das Erkennenwollen der Lage im Vordergrund, aus dem ein Vermuten über die Dauer der Haft genährt werden konnte, im Grunde doch die einzige Frage, die den Häftling interessiert. Es entstand ein bienenfleißiges Zusammentragen, ein scharfes Kritisieren, ein nüchternes, doch energisches und mit psychologischem Verständnis betriebenes Kombinieren. Die ganze Abrechnung, die ein Volk nach äußerer Niederlage und innerem Zusammenbruch vorzunehmen hat, mußte von kleinen Kreisen in der Absperrung und in der Hitze des Freiheitsverlangens betrieben werden. Es ist schwer, diesen Vorgang in seinen verschiedenen Formen und seinen wechselnden Stimmungen zu beschreiben, namentlich, weil er ja auch je länger je mehr unter die Wirkung der zunehmenden körperlichen Schwäche trat. Daß ein auch nur einigermaßen zutreffendes Gesamtbild der Situation nicht zu gewinnen sein würde, wurde uns bald klar. Das beeinträchtigte unsere Emsigkeit jedoch nicht.

Aus der einen Hauptfrage: Warum sind wir hier und worauf will das hinaus?, schälte sich als eine der ersten Teilfragen die nach uns selbst heraus. Wer sind wir eigentlich, wir „Insassen von Buchenwald"? So hob ein eifriges Fragen nach Verhaftungszeit, Heimat, Lebensalter, Beruf und Parteizugehörigkeit und -stellung an. Wir gingen bis zur Aufstellung einer Statistik, wobei wir die von einem Häftling bearbeitete offizielle Lagerstatistik benutzten.

Was wir damals gewannen, hat sich für die spätere Erfassung als grundlegend erwiesen und kann hier einfließen, soweit es mein ermattetes Gedächtnis festgehalten hat.

Der große Fischzug der Roten Armee nach Zivilpersonen hatte in dem Augenblick begonnen, als bei Baranow die Front brach. Am frühesten verhaftet waren von den Buchenwaldinsassen einige Bahnbedienstete und Verwaltungsangestellte, die seit Februar 1945 den Truppen folgten. Je mehr man sich den deutschen Grenzen genähert hatte, desto größer war die Anzahl geworden, indem auf polnisches Staatgebiet umgesiedelte Bauern aus Banat, Batschka und der Bukowina, Kaufleute, Zahnärzte und Apotheker aus den baltischen Ländern hineingeraten waren. Deutsche unsicheren Volksgefühls, die den Eindeutschungsbestrebungen der SS gefolgt und jetzt heimatlos waren, Gummideutsche genannt, fanden sich in großer Anzahl. Unter ihnen befanden sich viele Frauen und Kinder. Da diese Leute des Russischen kundig waren, hatten sie die Gelegenheit, als Dolmetscher und als Spitzel Erleichterungen aller Art zu gewinnen. Weiter fanden sich die Passagiere von aus Königsberg entkommenen, an der pommerschen oder mecklenburgischen Küste dann doch gefaßten Schiffen, Bauern aus Pommern und Mecklenburg, die aus dem Flüchtlingstreck herausgerissen worden waren und Landleute aus besonders heiß umkämpften Gebieten wie dem Oderbruch. Oft waren das gerade die, die sich der Evakuierung durch die Parteistellen widersetzt und eine Weile den Russen als Fahrer oder Facharbeiter gedient hatten, meist einfache, dem Boden eng verhaftete Leute ohne nationales Gefühl. Irgendein kleines Versehen oder Mißverständnis hatte sie dann doch in Haft und auf stationsreichem Wege endlich nach Buchenwald gebracht. Schlesier gerieten in großer Anzahl in Haft, als Thüringen von den Sowjets besetzt wurde, wohin sie nach dem Verlust ihrer Heimat evakuiert waren. Sachsen war durch eine Gruppe von mehr als 1000 Mann vertreten, die aus ihrer Heimat abtransportiert und auf dem Wege über die Lager Jamlitz und Mühlberg eingebracht waren. Von dem großen Transport der Berliner und Brandenburger ist schon die Rede gewesen. Die bei Kriegsende eintretende Vermischung aller deutschen Stämme und die Verhaftungen an der westlichen Zonengrenze ließen selbst Bayern, Württemberger und Rheinländer ins Lager gelangen. Der Träger eines französischen Namens aus der Schweiz, ein Däne, der im Dienste des internationalen Hilfswerkes stand und amerikanische Militäruniform trug, ein Belgier und sechs bis acht deutsche Juden vervollständigten das Bild.

Eine schwer auf einen Nenner zu bringende Vielheit, wie man zugestehen wird, nicht ganz unähnlich der in den Nazilagern. Sehr bald fiel uns das hohe Durchschnittsalter auf: graue Haare und durchfurchte Gesichter überall. Wir bemühten uns, es in den kleinen Zirkeln, die sich überall gebildet hatten, zu errechnen. Wir kamen auf etwa 47 bis 49 Jahre. Freilich war dafür gesorgt, daß das Lager sich verjüngte, denn die Älteren starben schneller weg als die Jüngeren.

Das Lager der Fünfzigjährigen also! Der 50. Geburtstag und die Silberhochzeit waren die häufigsten Familienfeste, die wehmütig begangen Ursachen zu mancherlei Ernährungstorheiten wurden. Für die gesamte Lebensführung, Geist, Stimmung und moralische Haltung war diese Tatsache von entscheidender Bedeutung. Wahrscheinlich bietet der Mensch von 50 Jahren als Häftling ein sehr viel kläglicheres Bild als der von 25 bis 35, der die Masse in Kriegsgefangenenlagern stellt. Der ältere Mensch ist von ausgeprägterer Eigenart und vermag sich daher viel schwerer anzupassen. Korpsgeist wird nicht mehr erzeugt, Aktivität zur Disziplinierung des Gemeinschaftswesens nicht mehr aufgebracht. Darum hat es in GPU-Buchenwald keine Fälle von Lagerfeme gegeben.

Der körperliche Verfall infolge des Hungers trat sehr schnell ein, der der Stimmung und der Moral folgte unaufhaltsam nach. Ganz schwierig war die Lage der einigen hundert Jugendlichen, die in dieser Gemeinschaft der Alten leben mußten. Sie selbst haben kaum Rücksicht auf das Alter genommen, wo es sich um so kleine Dinge wie etwa die Nachtruhe handelte. Sie haben, weil sie das Alter so würdelos sahen, so in sittlichem und geistigem Verfall, allen Respekt vor ihm verloren. In der dumpfen Luft der Unfreiheit entarten eben alle sittlichen Verhältnisse.

Das schließt nicht aus, daß sich kleine Gruppen fanden, Gemeinschaften von Jungen und Alten, in denen nicht eine einzige dieser Erscheinungen eintrat. Schon in Landsberg organisierten führende Intellektuelle aus echtem Verantwortungsgefühl Unterweisungsstunden für die Jugendlichen. Da die Russen dies verboten und verhindert hatten, wie sie jede geistige Tätigkeit verfolgten, so wurde etwas Derartiges in Buchenwald nicht versucht. Aber an dem, was an geistiger Unterhaltung von den Älteren gebracht worden ist, haben die Jugendlichen teilgenommen. Dazu hat es viele Fälle väterlicher Betreuung gegeben, bis zum Opfer der eigenen Rationen.

Für das Ringen um den Sinn der ganzen Sache war das hohe Durchschnittsalter eine harte Nuß. Was konnte es schon für einen politischen oder militärischen Zweck haben, die nicht mehr dienstfähige, die mit den Beschwerden des Alters, mit den Narben des Ersten Weltkrieges und den Nachwirkungen seiner Wunden geplagte Generation in ein Lager zu bringen! Einige spät eingelieferte Häftlinge brachten den angeblich in den Potsdamer Beschlüssen enthaltenen Satz mit, daß die Siegermächte befugt seien, Personen, die ihnen für die Sicherheit ihrer Truppen gefährlich erschienen, zu verhaften.[11] Traf das gerade auf die waffenlosen, in der modernen Kriegführung nicht erfahrenen 50jährigen zu? Hier gingen die offiziellen Erklärungen und die vor Augen liegenden Tatsachen gänzlich auseinander. Auch die Vernichtungstheoretiker konnten mit dem Rätsel nicht fertig werden; denn was soll es schon für einen Sinn haben, besondere Einrichtungen zu treffen zur Vernichtung von Leuten, die sich ohnehin auf dem absteigenden Ast des Lebens befinden?

Das war eine der Fragen, über die wir in unserer Befangenheit nicht ins reine kamen. Ihre Kompliziertheit wuchs, wenn sie mit den Tatsachen der Berufsgliederung in Zusammenhang gebracht wurde. Freunde von mir hatten Verbindung zu der von den Sowjets errichteten statistischen Stelle, und wir konnten einige der Ergebnisse in der Erinnerung festhalten. Diese Stelle führte eine Kartei, in der sie alle Lagerinsassen in 25 Berufsgruppen einordnete. Es war das mit großem Weitblick und nicht ohne Erfahrung in derartigen Dingen gemacht. Die Kartei setzte das deutsche Lagerarbeitsamt in die Lage, die immer sehr kurz befristeten Anforderungen von Spezialisten zu befriedigen. Für das Leben im Lager selbst wäre ein so umständliches System nicht nötig gewesen. Dort brauchte man nicht mehr als einige geschickte und erfahrene Elektriker, Installateure, Dachdecker, Bäcker und Köche, dazu die Ärzte, Zahnärzte, Apotheker und Krankenpfleger. Die Russen waren außer an diesen noch interessiert an Motor- und Fahrzeugschlossern, Bautechnikern, Maurern und Anstreichern, Gärtnern und Landwirten, Schneidern und Schuhmachern, Musikern und Schauspielern. Für eine unterschiedliche Behandlung der Insassen, selbst für eine Verschickung von Spezialisten nach Rußland hat die Kartei, soweit wir das erkennen konnten, keine Rolle gespielt. Jedenfalls ging sie über alle praktischen Bedürfnisse weit hinaus, war eine, vielleicht aus Freude an der Statistik geschaffene Übersicht über die Gesamtheit der Lagerinsassen in beruflicher Hinsicht, und das war der Punkt, der uns besonders interessierte.

Nach den Angaben stammten 30% der Verhafteten aus der Landwirtschaft, 25% aus der Verwaltung, Justiz und Polizei, 20% aus Industrie und Handel und 15% aus dem Handwerk. Nur 10% der Inhaftierten waren Glieder der Intelligenzschicht.

Da wir die Verhältnisse in den wichtigsten Herkunftslandschaften genau kannten, gewannen die Zahlen in unseren Erörterungen frisches

11 In den „Politischen Grundsätzen" des Potsdamer Abkommens vom 2. 8. 1945 ist als Punkt 5 festgelegt: „... Nazistische Parteiführer, einflußreiche Nazianhänger und die Leitung der nazistischen Ämter und Organisationen und beliebige andere Personen, die für die Besetzung und ihre Ziele gefährlich sind, sind zu verhaften und zu internieren."

Leben. Wir Thüringer wußten genau, was Landwirt in Thüringen heißt. Das ist der kleine Bauer, der 20 bis 30 Morgen mageren Ackers besitzt. „Großagrarier" und „Junker" spielen in Thüringen keine Rolle. Und auch die Landwirte, die mit den „Landsbergern" und anderen Zuzügen gekommen waren, waren kleine Bauern. Ich bin mit vielen von diesen Schlesiern, Pommern, Mecklenburgern und Neumärkern gut bekannt gewesen. Sie bildeten ein Element der Beruhigung in den Stürmen des Lagerlebens. Sie hatten ein klares Urteil, waren gerade und zuverlässig und sehr dankbar für die geistige Anregung, die von den Angehörigen der Bildungsberufe ausging. Und sie waren so gar nicht nationalistisch.

Ganz ähnlich war es mit den Handwerkern aus Thüringen. Diese Friseurmeister, Installateure, Bäcker- und Fleischermeister, Möbel-, Glas- und Metallfabrikanten und noch mehr die vielen Heimarbeiter und Werkarbeiter aus der Glasindustrie, den Spiel- und Metallwarenbetrieben stellten nichts anderes als mittleres und kleines Bürgertum dar. In Scharen waren Post- und Bahnangestellte der niederen Kategorien, in großen Mengen die Zeiss- und Schottarbeiter aus Jena, die Textilarbeiter aus Gera, die Arbeiter aus dem Braunkohlenbergbau Ostthüringens im Lager. Bei einer kleinen Gruppe hatte die Berufszugehörigkeit den Verhaftungsgrund gegeben, das waren die Drucker, Setzer und Druckereibesitzer, ein Zeichen für die fast abergläubische Hochachtung, die der sowjetische Mensch vor der Propaganda hat.

Unter den Bildungsberufen standen an der Spitze die Juristen und die Lehrer aller Kategorien. Aus dem großen Körper der Landesuniversität befand sich nur ein Glied im Lager, der Biologe Prof. Dr. H. Hoffmann, eine saubere und tapfere Gestalt, vielen Kranken ein Helfer, den geistig Dringenden ein Tröster, voller Ideen und Keime zu neuer wissenschaftlicher Arbeit. Ihn verschlang der Lagertod. Es starben weiter im Lager vier thüringische Oberstudienräte: Ludwig und Friel aus Jena, der aus Eisenberg, dessen Name mir entfallen ist, und Friedrich Tenner aus Arnstadt, der alles andere als ein Nazi gewesen war, ein verdienter Forscher der Geschichte Thüringens. Einen verhältnismäßig großen Prozentsatz seiner Lehrerschaft hatte Jena hergeben müssen, insgesamt 18 Personen aus allen Schulgattungen der Stadt.

Solange wir Thüringer allein waren, war das Bild ganz klar: Buchenwald war das Lager der kleinen Leute. Die proletarische Armee hatte fast nichts anderes zu verhaften gewußt als Arbeiter und Bauern. Was irgendwie durch wirtschaftlichen Einfluß oder Reichtum bedeutend gewesen war, die gesamte höhere Verwaltung des Landes, die in der Stadt Goethes in prunkender Parteiuniform stolziert hatte, die Landräte, die Oberbürgermeister der großen Städte, das alles fehlte im Lager, weil es vor dem Russeneinmarsch ausgewichen war.

Warum setzte man nun die kleinen Leute fest? Warum statuierte man an ihnen ein Exempel? Warum ließ man sie für Handlungen büßen, die sie nicht begangen hatten? Wir wurden nicht müde, diese Fragen zu stellen.

Ein wenig wurde dieses Bild durch die Ankunft der „Landsberger" verändert. Aus ihren Reihen ragten immerhin einige bekannte Namen hervor. Da war ein Mitglied aus dem Verwaltungsrat der Deutschen Bank, da war der Ritter von Halt, ein Mitglied des Olympischen Komitees, da waren einige größere Industrielle und Angestellte aus größeren Firmen der Erdöl- und Rundfunkindustrie, da waren einige höhere Regierungsbeamte, einige bekannte Journalisten, einige Polizei- und Wehrmachtsoffiziere bis zum Generalsrang. Im Ganzen stand nicht die Landwirtschaft unter den Berufen an erster Stelle. Der Anteil selbständiger Kaufleute und kleiner Fabrikanten, der mittleren Angestellten aus Verwaltung und Technik war groß. Es war überhaupt das Niveau höher und eine größere Vielseitigkeit vorhanden. Immerhin war es die Hauptstadt des Reiches gewesen, die man durchfischt hatte.

Aufs Ganze gesehen aber war auch hier das Bild nicht anders: kleine Leute. Alles, was im Vordergrund von Staat und Partei gestanden hatte, war nicht vertreten. Im Gegenteil, wer nur unter Hemmungen mitgemacht, wer in geistiger, kirchlicher oder wirtschaftlicher Opposition gestanden, wer auf den Untergang des Systems gehofft hatte, der war geblieben, der fiel nun den Russen in die Hände und büßte für die Taten, die er mißbilligt hatte.

Warum unterscheidet man nicht feiner? Will man nicht oder kann man nicht? Warum ein Lager der 50jährigen? Warum ein Lager der kleinen Leute? Das waren die nie zur Ruhe kommenden Fragen.

Damit war zugleich die letzte Frage aufgeworfen, die nach der Parteizugehörigkeit. Hier schien endlich eine Antwort zu winken, eine Antwort, die auch für die zuerst gestellten Fragen galt. Buchenwald war eben das Lager der Nazi, eine einfache Sache. Jene 50jährigen waren PG, und jene kleine Leute waren es auch. Das war der gemeinsame Nenner.

Das war so einleuchtend, daß die Übereinstimmung aller in diesem Punkt ihren Ausdruck in einem Gerücht fand, das auch die Haftdauer mit Hilfe des gewohnten Parteiaufbaus bestimmte. Monatelang ging es durchs Lager, mindestens bis zum Spätsommer 1946. Verschwand es in einem Teil der Baracke, dann tauchte es in den anderen auf. Es sagte, die Haftdauer betrage 30, 60 oder 90 Tage. Nach dem Ablauf der längsten Frist nahm es mit ungebrochener Kraft die Form an: 90, 120, 150 Tage.

Wie wird man doch zum Narren, wenn man der Freiheit, der Verantwortung und der Auseinandersetzung mit dem wirklichen Leben beraubt ist! Wieviel törichte Voraussetzungen, welch ein Verkennen der Situation, welche Unreife des politischen Urteils liegen nicht in diesem Gerücht! Es zeigt deutlich, daß Häftlinge geistig Kranken gleich zu achten sind.

Freilich haben viele Hundert diese Parole von Anfang an verlacht, mit Kübeln von Spott übergossen und dadurch erregte Auseinandersetzungen mit den Gläubigen hervorgerufen. Die beiden entscheidenden Voraussetzungen teilten auch sie: daß die Haftdauer eine Angelegenheit von einigen Wochen und der Verhaftungsgrund die Parteizugehörigkeit sei.

Die sowjetischen Stellen begünstigten diese Auffassung dadurch, daß sie von dem Häftlingsstableiter beim großen Abendappell erklären ließen, wir seien keine Sträflinge, wir seien auch nicht Häftlinge, wir seien lediglich „Lagerinsassen". Aus in unsere Hände gelangten russischen Zeitungen lernten wir die russischen Bezeichnungen dieser Kategorien kennen und schlossen daraus, daß sie tatsächlich von Bedeutung seien. Eine zu dieser Zeit eintreffende Welle von Neuzugängen meldete, daß tatsächlich bei der Festnahme das Wort „Verhaftung" vermieden worden sei. Man habe gedruckte Aufforderungen erhalten, sich mit Leib- und Bettwäsche versehen bei einer deutschen Stelle zu melden. Ein Verfahren, das wiederum wie die Einladung zu einem Schulungskurs aussah. Darum war um diese Zeit die Stimmung im Lager noch nicht besonders pessimistisch. Es war aber in dieser Zeit doch noch etwas Tieferes im Spiel als das Bereitsein zum Ertragen von Vergeltungsmaßnahmen und zur Aufnahme einer politischen Unterweisung. Das war das weit verbreitete Gefühl tiefer Scham, hervorgerufen durch den Blick auf die mit dem Kriegsende offenkundig werdenden nationalsozialistischen Greuel.

Es muß hier beachtet werden, daß die eben beschriebenen Menschen hinter dem Stacheldraht von Buchenwald von den während des Krieges ausgeübten Greueltaten gegen Juden, Polen, Tschechen u. a. nichts wußten. Es ist von grundlegender Bedeutung, daß man dies anerkenne. Darum will ich noch einen Augenblick dabei bleiben. Es haben in den Nürnberger Prozessen und in anderen Gerichtsverfahren nach Kriegsende hochgestellte Persönlichkeiten, selbst aus der SS (General Wolff[12]) nach-

12 Karl Wolff (1900–1984), höchster SS- und Polizeiführer in Italien, zuvor Stabschef und „Stellvertreter" Heinrich Himmlers, begann im Februar 1945 Geheimverhandlungen mit den amerikanischen Alliierten, die zur frühen Kapitulation der deutschen Truppen in Italien führten, im Nürnberger Prozeß Zeuge der Anklage, wurde am 18. 1. 1962 verhaftet und wegen seiner Beteiligung an Massendeportationen nach Treblinka, denen mindestens 300 000 Menschen zum Opfer fielen, zu 15 Jahren Zuchthaus verurteilt. Wolff hatte

weisen können, daß ihnen diese Dinge nicht bekannt waren. Bedenkt man das, so wird man geneigt sein, meine Behauptung anzuerkennen. Ich selbst kann von mir mit reinem Gewissen versichern, daß ich nichts gewußt habe. Ich befand mich während der ganzen Zeit der Naziherrschaft in einem Berufs- und Lebenskreise, der der Öffentlichkeit fern lag. Lebte viele Jahre auf dem Lande in verkehrsentlegener Gegend, wohin auch der Zufall nicht Nachrichten verweht, die einen Blick hinter die Kulissen des politischen Theaters gewährten. Ich will jede Kleinigkeit mitteilen: Einmal reiste ich – es mag in den Jahren 1940 oder 1941 gewesen sein – und traf auf dem Bahnhof einen mir bekannten Schriftsteller, einen Mann, weit über die 60, mit ehrfurchtgebietendem grauem Haar. Er befand sich in heftiger Erregung und erzählte mir auf meine Frage, daß er eben bemerkt habe, wie ein SS-Mann einige jüdische Männer, die er aus dem Eisenbahnwagen in das Lastauto zu geleiten hatte, grob geschlagen habe. Er habe den Führer zur Rede gestellt und sei von ihm mit augenblicklicher Verhaftung bedroht worden.

Noch ein zweites Erlebnis. In einer der thüringischen Kleinstädte, in der ich wohnte, wurde 1937 oder 1938 mein Hauswirt, ein emeritierter Pfarrer, ein Vierteljahr nach Buchenwald gebracht, weil er einen der überall umlaufenden Naziwitze weitererzählt hatte. Ich habe ihn zwar nie direkt über seine Erlebnisse erzählen hören, aber ich hatte doch täglich Umgang mit ihm, in dem er mir nicht den Eindruck eines Mannes machte, der Gräßliches erlebt hatte.

Deutlichere Spuren sind aus der furchtbaren Welt der Konzentrationslager nicht zu meiner Kenntnis gelangt. Hätte ich aus ihnen auch nur entfernt die schaudererregende Wirklichkeit erahnen können, die Kogon, Kautsky[13] und andere uns darstellten? Aus den Lagergesprächen ergab sich mir später, daß es mit den anderen Verhafteten in dieser Hinsicht nicht anders bestellt war.

Es gab nur zwei Ausnahmen. Die eine Gruppe bildeten diejenigen, die, in der Umgebung Weimars wohnend, die Züge der von der SS im letzten Moment aus Buchenwald weggeführten Häftlinge zu Gesicht bekommen

(u. a.) in einem Schreiben vom 13. 8. 41 seiner Genugtuung darüber Ausdruck verliehen, daß während der vorangegangenen zwei Wochen täglich ein Transport mit mindestens 5000 „Angehörigen des auserwählten Volkes“ (so Wolff) nach Treblinka abgegangen sei. Wolff bestritt bis zum Schluß, von den Todeslagern auch nur die geringste Ahnung gehabt zu haben.

13 Eugen Kogon: Der SS-Staat. Das System der deutschen Konzentrationslager. Frankfurt/Main 1946
Benedikt Kautsky: Teufel und Verdammte. Erfahrungen und Erkenntnisse aus sieben Jahren in deutschen Konzentrationslagern, Zürich 1946

hatten und von Greueltaten gegen diese Unglücklichen vielleicht sogar Zeuge gewesen waren. Von ihren Erzählungen lief etwas durch das Lager. Wir konnten aber auch hier nicht anders, als das Gehörte für eine außergewöhnliche Erscheinung der Zusammenbruchsmonate zu nehmen. Das normale Lagerleben, das vor uns in Buchenwald gewesen war, konnten wir aus diesen Nachrichten nicht rekonstruieren.

Die andere Gruppe bildeten diejenigen, die vor ihrer Verhaftung noch die von den Siegern in den ersten Monaten gegebenen Radioberichte über die Zustände in den Konzentrationslagern gehört hatten. Es waren darüber auch Broschüren und Fotos erschienen, und einige von uns, die erst Anfang 1946 verhaftet worden waren, hatten solche Schriften kennengelernt. Da wir uns ja nun am Orte dieser Greuel befanden, gewannen alle solche Mitteilungen erhöhte Bedeutung. Sie wurden eifrig von Baracke zu Baracke getragen und viel besprochen.

Man wird zugestehen, daß dies für 12000 Mann eine unzureichende Nachrichtenübermittlung darstellt. Und doch entstand im Lager – selbstverständlich zusammen mit dem allgemeinen Eindruck des Zusammenbruchs – eine eigentümliche moralische Beunruhigung. Wir Abgeschlossenen erlebten tatsächlich den Zusammenbruch nicht so sehr als einen politischen, sondern als einen moralischen; trotz aller ungenügenden Unterrichtung, denn dem sittlichen Urteil ist eine einzige Untat genauso anstößig wie tausend.

Ich charakterisiere die Stimmung dieser Monate am besten, indem ich ein Erlebnis erzähle.

Im April oder Mai 1946 kam ein Bekannter aus der Kriegszeit zu mir, und bat mich, ich möge zur Teilnahme an einer größeren Auseinandersetzung in die Baracke 9 kommen. Man habe sich dort unter dem Thema „Gut und Böse“ ein Gespräch über ethische Fragen vorgenommen. Den Beginn habe vor Tagen ein Biologe gemacht und eine mehrstündige Aussprache hervorgerufen. Ein Jurist aus dem Strafvollzug sei dann mit einer Darstellung gefolgt. Jetzt solle eben ein Theologe sprechen, ein ehemaliger Pfarrer. Ich sei eingeladen, mich in die Auseinandersetzung einzufühlen, um an einem der nächsten Tage die bekanntesten philosophischen Meinungen zu dem Thema vorzubringen.

Da die Baracke in der gleichen „Zone“ wie die meinige lag, also in dem Raum, in dem freie Bewegung gestattet war, konnte ich mitgehen.

Ich fand den großen Raum dicht mit Menschen gefüllt. Sie saßen an den langen Tischen in der Mitte eng aneinander gedrängt. Jede freie Ecke war mit einem Schemel bestellt, und von den dunklen Betten leuchteten die hellen Gesichter, bis zur dritten Reihe hinauf. Es war wie ein Theatersaal mit Logen. Das Bild erinnerte an oft gesehene Darstellungen alter Meister von italienischen Marktplätzen. In seiner Enge und bei der Höhe der Bettwände, die an drei Seiten steil und jäh emporstiegen, glich der Anblick auch manchen mittelalterlichen Dorfkirchen. Es wurde mir bald klar, daß etwas wie Turnier und etwas wie Gottesdienst tatsächlich erwartet wurde. Leider erfüllte der Pfarrer seine Aufgabe schlecht. Ich weiß nicht mehr, was er im einzelnen sagte. Ich kann mich nur noch erinnern, daß er weit vom Thema abschweifte, er, der doch allein das eigentlich entscheidende Wort zu sagen gehabt hätte, nämlich das von der furchtbaren Gewalt der allverbreiteten Sünde und der Allmacht der Gnade. Man ging verärgert auseinander.

Als ich am folgenden Tag zu derselben Stunde kam, war der Raum in der gleichen Weise gefüllt. Barackenältester und Stubenältester deckten die Sache und waren anwesend. Ich fand viele bekannte Gesichter aus anderen Baracken: alles streng verbotene Dinge. Ich fühlte mich sehr unsicher. Meine Beschäftigung mit theoretischer Ethik lag viele Jahre zurück, und war hier ein theoretisches, belehrendes Wort wirklich das, was man erwartete?

Ich kann mich heute nur sehr lückenhaft an das erinnern, was ich gesagt habe, und eine Rekonstruktion der Eigentümlichkeit dieses Vortrages halte ich überhaupt für unmöglich. Begonnen habe ich, das weiß ich noch, mit der jugendlich optimistischen Einstellung des Sokrates, um das Gute zu tun, genüge es, das Gute zu wissen, und das sei durch klares Denken leicht zu erreichen. Ich schritt dann fort zur idealistischen Ethik des großen Plato, in den ich mich in vielen Gespächen mit meinem Freunde Dr. Pr. versenkt hatte. Vier Tugenden sind, an ihrer Spitze die Gerechtigkeit! Von da war der Weg zu Kants kategorischem Imperativ und seiner Lehre vom radikalen Bösen nicht weit. Als neuere Auffassung skizzierte ich kurz die die Verantwortung aufhebende Milieutheorie und die Lehre von der Rassenethik. Doch bog ich bald ab, um zu enden mit der Erlösungslehre des Christentums.

Ich kann mir nicht mehr vergegenwärtigen, wie ich aus dem allen einen zusammenhängenden Vortrag machte. Ich weiß auch nicht, wieviel Zeit ich brauchte. Es muß wie ein wogendes Meer gewesen sein, über dem ein paar leuchtende Sterne standen oder aus dem ein paar ragende Felseninseln aufstiegen. Aber es muß doch die Herzen ergriffen haben; denn es war totenstill in dem überfüllten Raume, in dem die Mehrzahl der Besucher nicht einmal gerade und frei sitzen konnte. Eine Diskussion entstand nicht, aber es wurde mir später berichtet, es sei tagelang ein tiefer Ernst zu spüren gewesen und ein Nachlassen der Streitigkeiten. Es muß nicht einmal als Mangel empfunden worden sein, daß ich mehr über mögliche Antworten referierte, als eine davon mit Kraft und Ausführlichkeit vertrat. Eben weil hier einfache Leute saßen, die vielleicht in der Nazizeit den gewohnten Kirchgang eingestellt hatten, die jedenfalls fern von ethischen Überlegungen gelebt und in ihrem eigenen Ethos durch die Lehren der Partei verwirrt worden waren, ließ sich die Hoheit und Unerbittlichkeit sittlicher Forderung durch eine einfache Darstellung wieder herstellen. Diese Leute fühlten wirklich, daß sie alle, auch wenn sie von den letzten Greueln des Systems nichts gewußt hätten, schuldig seien. Der Lageraufenthalt schien ihnen als Sühne gerecht und somit sinnvoll, und damit war für den Lageralltag etwas gewonnen.

Daß ich hier nicht übertreibe, sondern ein weit verbreitetes Gefühl wiedergebe, ist noch daraus zu ersehen, daß dieser Vortrag Schule machte.

Die Nachricht war, obwohl jedem Teilnehmer Schweigen auferlegt worden war, durch das Lager gegangen. Nach einigen Tagen kam einer von den Bäckern, die – etwa 60 Mann stark – in einer engen Baracke hausten, den reichen Leuten des Lagers. Sie bäten um den Vortrag über „Gut und Böse“. Ich spürte, was hier von mir verlangt wurde, und wurde wieder unsicher. Ich bot ein anderes Thema an, eine historische Szene, die ich mir packend ausgestaltet hatte. Aber es ging den Leuten nicht um Unterhaltung. Energische Stimmen kamen aus dem Saal, es sei der Vortrag „Gut und Böse“ gewünscht, und dabei bleibe es! So mußte ich also wieder an die seelsorgerische Aufgabe heran, und der geistige Mensch in mir nahm nur beiläufig Kenntnis davon, daß meinem hungernden Leibe von allen Seiten faustgroße Brotstücke zugesteckt wurden.

Auch das war noch nicht das letzte Mal, daß ich den Vortrag halten mußte. Die meisten Baracken hatten in diesen Wochen der unerklärlich verminderten Wachschärfe einen sogenannten Kulturwart bestimmt. Diese Kulturwarte kamen zu mir und verabredeten Tag und Stunde für „Gut und Böse“. Am lebhaftesten ist mir der Vortrag in der Schneiderwerkstatt in Erinnerung geblieben. Dahin mußte ich vorsichtig durchgeschleust werden, auch wurde eine Wache gestellt, denn hier hatten die Russen Zugang, weil sie für sich arbeiten ließen. Es wurde mir von dem Leiter der Werkstatt mitgeteilt, daß man nicht zusammenrücken dürfe, jeder müsse an seinem Platze bleiben und weiterarbeiten. So hob ich denn an, in der kleinen, im Keller liegenden Stube, in der so viele Rohre an der Wand entlangliefen, in denen das Wasser gluckste. Mehrere Bügeleisen standen auf einem kleinen, vor Hitze glühenden Ofen, und etwa 15 hemdsärmelige Männer zogen eifrig ihre Fäden, reine Handarbeit wieder wie einst in den Bauernstuben Peter Roseggers[14]. Nach wenigen Minuten unterbrach mich der Meister mit den Worten: „Dabei kann man nicht arbeiten. – Laßt das Zeug liegen!“ rief er den Leuten zu. Die Wache wurde noch einmal zur größter Aufmerksamkeit ermahnt, und dann rückten sie vor mir zusammen wie die Schulbuben, stützten die Köpfe in die Hände und ließen vor sich das Bild einer Staats- und Lebensordnung entstehen, in der es nach durchgreifenden sittlichen Prinzipien zugehe.

Also ein Lager der Parteiangehörigen und die Stimmung ernsthafter Selbstbesinnung! Dies kennzeichnet die Stimmung der ersten Monate des Jahres 1946.

Diese Auffassungsweise war so allgemein verbreitet und anscheinend so gut durch Tatsachen gestützt, daß wir widersprechenden Beobachtungen keine Aufmerksamkeit schenkten. Denn die Tatsache, daß von Anfang an sehr viele Nichtparteigenossen im Lager waren, hätte ja eigentlich das ganze System stürzen müssen. Wie viele Tage Haft wäre denn für sie angemessen gewesen? Wir versuchten zunächst einmal, durch Auszählen in den kleineren Kreisen, die überall entstanden waren, den Prozentsatz der Nichtparteigenossen festzustellen. Wir kamen auf acht bis zehn Prozent. Man war geneigt, diese Verhaftungen einfach als Irrtümer zu erklären. Es war alles so in Eile zugegangen. Die Dolmetscher, meist Ostarbeiterinnen[15], waren schlecht, die Offiziere mit den deutschen Verhältnissen nicht vertraut. Sie waren nicht imstande, das Eigennützige der vielen Denunziationen zu durchschauen. Man hatte wohl die Parteigenossen haben wollen, hatte aber eben danebengegriffen. Daß man den Irrtum in monatelanger Gefängnishaft nicht bemerkte, daß man ihn im Lager nach einem halben Jahr nicht korrigierte, blieb freilich sehr belastend. Aber wir waren trotzdem weiterhin geneigt, auf dieses Konto viel gutzuschreiben, bemerkten wir doch, daß die russische Verwaltung mit unglaublich vielen Fehlern arbeitete. Wir sahen zuweilen am Tor die flott gekleideten, geschminkten und gepuderten Sekretärinnen, sahen ihr Treiben mit den Offizieren und dachten uns unser Teil.

Nicht als Irrtum ließ sich aber eine andere uns bald zum Bewußtsein kommende Tatsache auffassen, nämlich das schreiende Mißverhältnis zwischen der Anzahl der hier zusammengebrachten Nazis und der draußen im Lande. Um Weihnachten 1945 befanden sich etwa 6000 Thüringer

14 Peter Rosegger (1843–1918), österreichischer Volksschriftsteller

15 Ehemalige Zwangsarbeiterinnen aus Osteuropa und der Sowjetunion, die von den Nationalsozialisten in der (Rüstungs-)Industrie zur Arbeit eingesetzt und in Lagern untergebracht worden waren.

im Lager, davon etwas über 5000 Parteigenossen. Insgesamt hatte aber Thüringen mehr als 100000 gehabt. Die Vergeltung traf also nur einen kleinen Teil. Wir waren Stellvertreter und dazu Geiseln für das Fehlverhalten des Landes unter der Besatzung.

Aber dann hätte doch eine gewisse Auswahl getroffen werden müssen, und es müßten die Grundsätze dieser Auswahl zu erkennen sein. Hier bot sich ein weites Feld des Beobachtens und Vergleichens, das ich jetzt auch nicht mehr annähernd zu skizzieren vermag.

Da war z. B. ein Dorf im Eisenacher Kreis, aus dem sämtliche Blockleiter fein säuberlich verhaftet und nach Buchenwald gebracht worden waren. Da schien sich also das Prinzip anzudeuten. Aber gleich wurden 10 oder 20 Dörfer aufgezählt, sowohl aus der nächsten Nachbarschaft als auch aus den entferntesten Teilen Thüringens, aus denen nicht ein einziger Amtsträger verhaftet worden war. Zellen- und Ortsgruppenleiter aus der Stadt Eisenach waren in hohem Prozentsatz im Lager, aus dem benachbarten Meiningen fehlten sie fast ganz. Von den 13 Ortsgruppenleitern Jenas war nicht ein einziger in die Hände der Russen gefallen, von den 24 Kreisleitern Thüringens gerade einer, der von Arnstadt. Wo war überhaupt die höhere Parteiführung Thüringens? Wo waren die Mitarbeiter in den Stäben? Die höheren SA- und SS-Führer? Die Sachbearbeiter der Gauleitung?

Sie befanden sich im Westen des Reiches und meist in Freiheit. So war denn Buchenwald nicht nur das Lager der Fünfzigjährigen und das Lager der kleinen Leute. Es war auch zugleich das Lager der Blockleiter, der Kassierer, der Helfer und der kleinen Parteigenossen. Das alles ergab eine sehr merkwürdige Stellvertretung. Der Eindruck war so grotesk, daß lange Zeit sich das Gerücht hielt, es werde nach einem Vierteljahr ausgewechselt.

Schwerer noch hätte die Tatsache gewertet werden müssen, daß bei den Verhaftungen, die der ersten tumultarischen Zeit ferner lagen, die Parteizugehörigkeit eine immer geringere Rolle spielte. Es kamen Volkssturmleute, Spionageverdächtige und die Freigesprochenen aus den Militärgerichtsprozessen. Die Parteizugehörigkeit wurde gar nicht mehr genannt. Damit war das schöne Gedankengebäude eingestürzt. Es waren inzwischen nicht nur 90 Tage der Haft verstrichen, sondern 120 und 150! Das Denken kapitulierte langsam, aber die Lagerleiden nahmen zu, und die Zahl der Toten wurde täglich größer.

Tue nichts Gutes, dann widerfährt dir nichts Böses

Buchenwald, Ort und Lager

Das Gefühl der Erleichterung, das der Eintritt ins Lager bereitet hatte, hielt nicht lange vor. Es litt schon sehr unter dem äußeren Bild. Dieser Nordabhang des Ettersberges hat trotz 2000jähriger Besiedlung der Landschaft nie eine menschliche Wohnung getragen. Dieser breite Rücken, schutzlos dem Nordwind und dem Nebel ausgesetzt, hochgelegen und von hartem, unfruchtbarem Kalkboden, ist abstoßend für alles Leben wie kein zweiter Winkel Thüringens. Nur als man eine Stätte suchte, die den Menschen zur Qual sei, konnte man auf diesen Ort verfallen, und es mußte der einzige rechtmäßige Bewohner, der schöne Buchen- und Mischwald, weichen. Es gibt darum auch keine andere Entsühnung für diese Stätte menschlicher Niedrigkeit, als sie wieder zu bewalden. Nur wenn der eisige Wind vom Brocken her wieder riesige Wipfel schaukelt, einen Baum für jeden Toten, wird man das Grausige vergessen können.

Das Lager war mit einer brutalen Geradlinigkeit aus dem Walde herausgeschnitten. Alle Straßen führten fast genau von Süden nach Norden und von Osten nach Westen. An ihnen duckten sich die langgestreckten, niedrigen Baracken um den großen Appellplatz, umgeben von dem stromgeladenen, mit vielen tausend Glühbirnen besteckten Zaun.

Ich hatte im ersten Halbjahr 1946 oft Gelegenheit, nachts das Lager

Lageplan des Konzentrationslagers Buchenwald und des Speziallagers Nr. 2 Buchenwald – Häftlings-Bereich – (nach Kogon 1946, ergänzt durch Rentsch 1992)

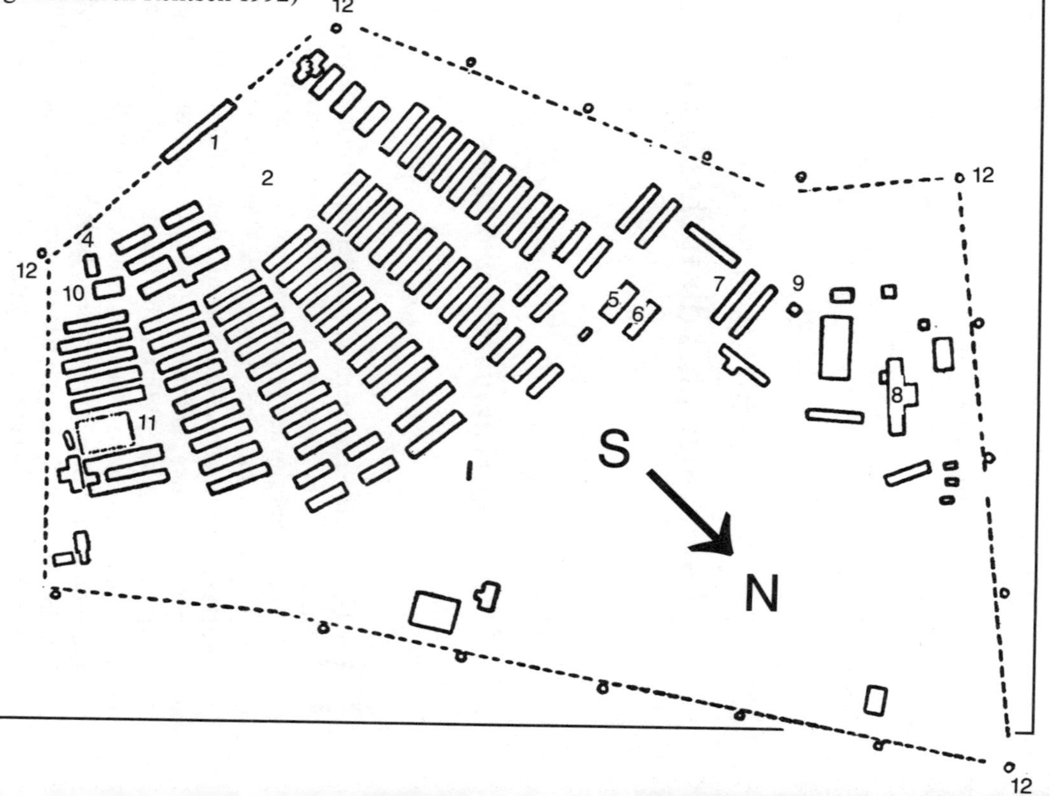

1 = Tor mit Turmgebäude
2 = Appellplatz
3 = Häftlings-Kantine, nach 1945 Verpflegungsmagazin
4 = Krematorium
5 = Kino, nach 1945 Kultura
6 = Bordell, nach 1945 Frauenlazarett
7 = Häftlings-Krankenbau (Lazarett)
8 = Schweinestall, nach 1945 erweitert zum Wirtschaftshof
9 = nach 1945 Leichenhalle
10 = nach 1945 Bäckerei
11 = nach 1945 Küche
12 = Wachtürme

von außen, von der kleinen Anhöhe am Bahnhof aus, zu betrachten.[1] Da wurde dieser Ort des dunkelsten menschlichen Jammers vom grellen Licht ebenso hart aus der Nacht und den weichen Linien der Berge herausgerissen wie am Tage durch die Geradlinigkeit der Anlage. Wie ein großstädtischer Rummelplatz sah das Lager aus einiger Entfernung aus: grelle Lichtbänder, sich in der Ferne verlierende Lichtpünktchen, schweifende Lichtstreifen der Scheinwerfer darüber. Aus Weimar und Erfurt, von Hunderten Thüringer Landstraßen und Eisenbahnen sahen unsere Angehörigen das mächtige Leuchten dieser Elendsstätte.

Das Lager ist aus der Literatur über die nationalsozialistische Zeit bekannt. Bilder und Skizzen sind vorhanden, so daß ich davon ausgehen kann. Verringert hatte sich das Lager um die Fabrikationsstätten, die bombenzerstört waren, um die stillgelegten Betriebe wie Steinbruch und Ziegelei, um die sogenannte Reitbahn, den Falkenhof, die Zwinger für wilde Tiere, die Wohnhäuschen hoher Einzelhäftlinge und auch um viele Baracken im äußersten Nordteil des Lagers selbst. Es waren das die sogenannten Judenbaracken mit den eingebauten Kojen, die Stätten entsetzlicher Überfüllung, wie uns berichtet wird. Ich war einige Zeit beim Abreißen dieser Baracken beschäftigt und fand noch genug, was an die furchtbaren Leiden der Insassen erinnerte, Kleiderbündel, Töpfe voll verfaulten Essens, in denen noch die Löffel steckten, kleine Erinnerungsstücke in den verborgensten Winkeln und einen unglaublichen Schmutz. Wir schlugen an unsere Brust und fanden unser deutsches Volk auf tausend Jahre mit Schande beladen. Aber wir fanden wenig Witz in der einfachen Retourkutsche, nun wieder Menschen an der gleichen Stelle zu quälen und zu vernichten.

Die Russen haben an den genannten Gebäuden noch beständig abgebaut und die Materialien verwertet, meist sie verwirtschaftet. Sie haben aber auch beständig Neues gebaut, am meisten Zäune. Es gab zuletzt an manchen Stellen nicht weniger als fünf Zaunreihen, davon zwei mit Strom. Stacheldraht war zeitweise ein sehr begehrter Artikel. Da nicht ein Meter neu hereinkam, mußte er zusammengesucht werden. Wo irgendein Pfahl auch nur ein Stück davon trug, wurde es abgerissen. Stacheldrahtzäune zogen sich nicht nur ringförmig um das Lager, sie teilten es auch in seine vier Zonen, schlossen die Bereiche der Werkstätten und des Lazaretts ab und hüllten die Baracken des Isolierbataillons ein.

Der Bretterzaun um diese beiden Baracken war 3,5 m hoch. Die starken, neuen Kanthölzer, die ihn trugen, waren außen und innen mit einer

1 Vgl. dazu das Nachwort, S. 161 ff.

dicht schließenden Bretterwand verkleidet. Nachdem die Sommerhitze in den frischen Brettern hatte Fugen entstehen lassen, wurden Leisten darüber genagelt und die Astlöcher verpflockt. In solchen Dingen war man groß. Es blieb wirklich keine Ritze, um hinein- oder hinaussehen zu können. Aufgesetzte Drähte verhinderten das Hinüberklettern.

Eine Eigentümlichkeit der letzten Zeit waren Bretterwände, die das Hinaussehen aus dem Lager verhindern sollten. Es gab einen Weg unweit der Südseite des Lagers, am ehemaligen Bärenzwinger, von wo aus man zum Bahnhof sehen konnte. Die Beobachtungen, die dort gemacht wurden, waren Gegenstand lebhafter Vermutungen. Der Zaun machte dem ein Ende. Um das Hineinschauen verhindern zu können, wäre ein solches Bauwerk nicht nötig und auch nicht ausreichend gewesen. Der Ring um das Lager war so weit gezogen, daß kein unerwünschtes Auge nahe genug herankommen konnte. Der ganze Ettersberg war gebanntes Gebiet, in das nur selten sich jemand wagte. Die Bauern der im Norden anstoßenden Dörfer ernteten ihre Felder hastig ab und hielten sich in respektvoller Ferne. Ein Bretterzaun ähnlicher Art wurde endlich auch um das Tor in weitem Halbkreis gezogen, wir nannten den dort umhegten Raum die Schleuse. Wie die Baracken das Wahrzeichen der Kriegsbauten des Dritten Reiches waren, so waren die Zäune das der Russen.

An größeren Gebäuden wurde nur ein einziges errichtet, eine gemauerte Halle, Offiziersheim genannt. Hier wurde aus Lagerbeständen einiger Aufwand entfaltet, aber das Gebäude hat kaum seine geplante Rolle gespielt. Monatelang stand es unbenutzt. Es war wohl ein eigenmächtiges Unternehmen eines der Kommandanten, das aus Mangel an Mitteln verkümmerte. Der einzige Neubau, an dem wir Häftlinge Interesse hatten, war der der Bäckerei. Ihr Bau wurde schon im September 1945 begonnen und schnell zu Ende geführt. Alte Ziegel gab es genug im Lager. Zement, Bauholz, Farben waren vorhanden, dazu Bauhandwerker genug. Man errichtete vier verhältnismäßig kleine Öfen für Holzfeuerung und rein manuelle Bedienung und gewann damit die Voraussetzung für die Herstellung des vorzüglichen Buchenwaldbrotes.

Kontrollen und weitere Beraubung

Das erste, was mir das Lager bot, war eine weitere Beraubung. Schuhe, die zweite Wäschegarnitur, das Bettuch, der Mantel wurden uns genommen. Als Ersatz gab es entweder nichts oder unglaublich schlechte Stücke: harte, durchlöcherte Arbeitsschuhe der ehemaligen Konzentrationäre, oft ungleiche Stücke, meist mit Holzsohlen, blau- und graugestreifte Häftlingskleidung, unglaublich dünne und kurze Decken. Es war schon ein sehr klägliches Bild, das sich beim Einzug in meine Baracke bot. Ich hatte weder Koffer noch Tasche behalten, hielt meine Decke unter dem Arm und die paar verbliebenen Stücke: Zahnbürste, Seife, ein Handtuch in den Fingern. Ein kostbarer Besitz war mir merkwürdigerweise geblieben, ein unschätzbares Gut geradezu für mich und für viele: eine zweibändige Faust-Ausgabe, deren Bändchen nicht länger als fünf Zentimeter waren. Der kontrollierende Soldat hatte sie kritisch betrachtet und wohl für Gebetbücher gehalten.

Ich war nicht einmal besonders schlecht weggekommen. Viele waren ohne Mantel, ohne Decken, ohne Seife. Vielen Brillenträgern waren schon in den Gefängnissen die Brillen weggenommen und zerschlagen worden. Andere verloren sie an der Lagerpforte, so daß sie völlig hilflos waren. Ebenso ging es mit Zahnprothesen und Bruchbändern. Wir wurden aller Errungenschaften der Zivilisation mit einem Schlage entledigt. Was ein Holzstäbchen, ein Beutelchen, ein Leinwandlappen, ja, ein haltbarer Faden, ein Knopf, ein Stückchen Draht, eine Glasscherbe wert sein können, ging uns darum bald auf. Trotz dieses scharfen Durchplünderns schienen unsere Gebieter der Meinung zu sein, daß wir noch zu viel besäßen. Darum wurde nach etwa sechs Wochen, als der Zustrom und daher die Beute nicht mehr so groß waren, noch einmal die Baracken durchstöbert. Keiner durfte zwei Hemden auf dem Körper haben. Ein Hemd und ein ärmelloses Unterhemd galten schon als zwei Hemden. Wir zerrissen in meiner Stube an einem Abend sieben Bettücher zu Hand- und Taschentüchern, um sie vor der für den nächsten Morgen angekündigten Ablieferung zu bewahren. Die entwendeten Sachen wurden gewaschen, geflickt und sorgfältig im großen Magazin gelagert. Was geschah dann mit ihnen? Damals trat zuerst unter den aus ihren Bahnen und Wertordnungen geschleuderten Häftlingen der Typ hervor, den wir nach Schiller den „diensteifrigen Schurken“ nannten. Er fand sich besonders unter den Kompanie- und Bataillonsführern. Diese Leute vertraten laut und unter

Berufung auf authentische Mitteilungen die Ansicht, daß diese Dinge uns zurückgegeben würden. Das sei eben unsere Wechselwäsche. Ich hatte um jene Zeit einmal im Magazin zu tun und las die Aktennotiz, die der Lagerverwalter an Stelle einer Quittung einheftete: 1600 Wäschestücke ausgehändigt an russische Soldaten!

Dem Wäschemangel wurde auf sehr einfache Weise abgeholfen. Etwa alle vier Wochen war Waschtag für das ganze Bataillon. Man zog dann am frühen Morgen seine Wäsche aus und erhielt sie am Abend gewaschen und getrocknet wieder. So leistungsfähig war die Lagerwäscherei. Aber den ganzen Tag über waren wir ohne Wäsche, und das auch in dem kalten Winter 1946/47.

Die Enge

Bei der Einlieferung kamen auf zwei Betten drei Mann. Die eisernen Bettstellen, die jeder aus seiner Militärzeit kennt, sind aber gar nicht dicht an dicht zu stellen, weil hervorstehende Eisenteile und Muttern hemmen. Auch kann man nicht auf der Ritze liegen, weil Verstrebungen am Kopf- und Fußende im Wege sind. So blieb denn nichts anderes übrig, als daß zwei zusammenlagen und der Dritte ein Bett für sich allein hatte. Ich kam mit einem breitschultrigen Bauern aus dem Greizer Land zusammen, der ein prächtiger Kamerad war, eine sehr gute Wolldecke besaß und ohne sich dabei zu rühren die Nacht durchschlief. So ergänzten wir uns gut bei meiner schäbigen Baumwolldecke und meinem leichten Schlaf. Wir hatten uns das obere von drei übereinanderstehenden Betten ausgesucht, weil es uns zuwider war, in die sargähnliche Enge zwischen zwei Betten zu kriechen. Dafür war oben, wo die Zimmerdecke nur zwei Spannen entfernt war, die Luft soviel schlechter. Ich kam drei Jahre nicht aus dem Dilemma heraus, daß oben alles über Gestank maulte und schließlich einer ein Fenster öffnete, worauf von unten dann energisch Klagen wegen Kälte und Zugluft kamen. Ein Ausgleich wurde hier wie auch in wichtigen Fragen nicht gefunden. Aber die Tuberkulose hatte ihr Feld, jahrelang.

Der von Betten freie Raum in der Mitte des Zimmers war von Tischen, Bänken und Schemeln so angefüllt, daß nur Platz für zwei schmale Gänge blieb. Man konnte nie heraus- und hineingehen, ohne sich aneinander vorbeizuzwängen. Solange unsere Nerven gesund waren, und die Hoffnung nicht erloschen, war das nicht weiter schlimm. Mit der Zeit wurde es eine furchtbare Plage, besonders wenn bei Regen und Kälte alles in den Stuben weilte. Es wäre eine große Erleichterung gewesen, wenn man sich hätte auf die Betten legen oder setzen dürfen. Doch dies war streng verboten und wurde bei plötzlichen Kontrollen durch die Russen streng bestraft. Die Bettenbaubefehle standen denen aus den Nazilagern nicht nach. Kopfkissen mußten genau gelegt, Decken geradlinig gepreßt, Handtücher in Dreiecksform gefaltet und über etwa 15 Betten hinweg in eine Linie gelegt sein. Es war Aufgabe der Stubendienste, dies in Ordnung zu bringen. Die Stuben, die solche Kunststücke am besten ausführten, ernteten hohes Lob und wurden bei Besichtigungen vorgeführt, alles genau, wie Kogon[2] es beschrieben hat.

2 Eugen Kogon: Der SS-Staat. Das System der deutschen Konzentrationslager, Frankfurt/Main 1946

Da wir den größten Teil unserer Haftzeit nicht arbeiteten, bewegten wir uns den ganzen Tag in dieser Enge. Sie war gleich nach dem Wecken, bei der Ausgabe der Mahlzeiten und beim Antreten zum Appell erdrückend. Aber sie lockerte sich auch in den Zwischenzeiten nur wenig. Wir bildeten immer Klumpen oder lange Reihen: wenn wir bei schönem Wetter an der Barackenwand saßen oder wenn wir uns an trüben oder kalten Tagen vor den Baracken bewegten. Weder im Waschraum noch im Klosett, noch im Bett war man eine Minute allein. Man konnte kein Wort sprechen, das nicht von mehreren mitgehört wurde. Es konnte sich keine Gruppe auftun zu irgendeiner Beschäftigung, die nicht ihre Zaungäste gehabt hätte. Folge davon war bei den wenigen Möglichkeiten der Beschäftigung, daß ständig Moden des Verhaltens durch das Lager gingen. War es einem möglich gewesen, sich in der Tischlerei einen Stock zur Stütze bei den langen Appellen zu arbeiten, so sah man bald Hunderte mit Stöcken gehen, und es entstanden Fabrikation und Handel, wobei Brot das Zahlungsmittel war. Natürlich bemerkten das nach einiger Zeit die Russen, es kamen Verbote und Razzien. Ganze Bündel von Stöcken wurden dann ins Magazin gebracht, zerbrochen und verbrannt. Inzwischen hatte sich jedoch mancher in seinen Stock so verliebt, daß er ihn nicht verlieren mochte und ihn im Bett oder auf einem Balken der Deckenkonstruktion verbarg. Das führte zu Denunziationen Mißgünstiger, zu neuen Filzungen, Essensentzug und Bunkerstrafen. Was ich hier von den Stöcken erzählt habe, spielte sich auch ab mit dünnen Gerten, aus entrindeten Ruten, die Zugführer und Lagerschutz trugen, mit holzgeschnitzten, broschenartigen Anhängern, an Schlips, Rockaufschlag oder Hut gesteckt, die uralte volkstümliche Symbole zeigten: Anker, Stern, Blume und Vogel oder den Namen der geliebten Frau oder der Kinder. In so engen Zirkeln bewegten wir uns. Wir waren eben krank vor Heimweh. Es hätte dem Zustand unserer zerrissenen Seele entsprochen, durch den Zaun ins freie Land hinaus zu schreien vor Schmerz. Da das nicht anging und natürlich auch ausdrücklich verboten war, suchten wir stillere Wege des Abreagierens wie die eben beschriebenen und führten damit neue Gefahren herauf für uns, die wir ohnehin genug gefährdet waren. Zur Herstellung dieser Holzbildchen gehörten Messer. Wir schliffen in mühsamer Arbeit zufällig gefundene Stahlstückchen zurecht und kauften Messerchen für Brot von den Schlossern. Sie mußten in Brettfugen, Mauerlöchern und in den alles bergenden Strohsäcken sorgfältig untergebracht werden, und damit setzte die oben erwähnte Kette wieder ein: Denunziationen, Filzung, Strafen. Immer wurde die Gemeinschaft mitbestraft und die Vorgesetzten meist schlimmer als die Täter selbst. So mußte die Gemeinschaft schließlich von sich aus die harmlosen Beschäftigungen unterdrücken und die Ventile schließen. Dadurch wuchs die nervöse Spannung ständig weiter.

Ich bin von der Schnitzkrankheit sehr befallen gewesen. Ein paar Suhler Schlosser, derbe, kräftige Kerle, hatten beim Enttrümmern alter Werkstätten hübsche Stahlstücke gefunden, sie angeschliffen und mit Heften versehen. Ein Zimmermeister aus dem Werratal, dem der Führer des 9. Bataillons, der berüchtigte D., eine Werkstatt für Holzsohlen eingerichtet hatte, bewahrte die gefährdeten „scharfen und spitzen Gegenstände“ sicher auf und besorgte aus dem einst großartigen Edelholzlager die kaum handgroßen Stücke von Birnbaum- oder Weidenholz, die ich brauchte. Ich trug den ganzen Sommer 1946 Material und Werkzeug in der Rocktasche mit mir. Wo nur eine Ecke ein wenig Schutz gegen Sicht, ein Stein Gelegenheit zum Hocken gab, saß ich und schnitzelte und spann mich in das Glashaus der Erinnerung ein. Ich höhlte für jede meiner drei Töchter und für meine Frau ein Kästchen so groß, daß ein Ring oder ein Fingerhut darin Platz finden konnte, und grub die Namen in die Deckel ein. Die edlen Formen gotischer Buchstaben bereiteten meinen durch die Lagereinförmigkeit bedrückten Augen eine unbeschreibliche Wohltat. Ich konnte mir an Variationen nicht genug tun, erhöhte bald und vertiefte das andere Mal die Schriftzüge und umzog eines der Kästchen ganz und gar mit einem Schachbrettmuster. Für den Sohn, der damals acht Jahre alt war, dachte ich mir etwas anderes aus. Ich sann lange über einen Wahlspruch für ihn nach, in dem ich selbstverständlich das Recht in Anspruch nahm, diesen aus meinen Lebenserfahrungen zu formen. Als ich nach manchem unruhigen Tag und mancher stillen Nacht, die ich längst nicht mehr durchschlief, mit der deutschen Formulierung fertig war, versuchte ich mich an einer Übersetzung ins Lateinische, damit der Spruch von der Wucht der alten Sprache profitiere. Mein Ergebnis legte ich einem Altphilologen vor, der fragte ein paar Fachgenossen. So vielfach gesiebt und geformt fanden die drei oder vier Worte, die mein Gedächtnis mir nicht treu bewahrt hat, ihren Weg auf ein kleines Holzschildchen und dieses zusammen mit dem Kästchen den Weg in mein Bettstroh. Bei der ersten Filzung, die wir rechtzeitig erkannt hatten, rettete ich alles, indem ich die Sächelchen in einem Schneehaufen unter der Barackendachrinne vergrub. Die nächste aber war so raffiniert angelegt, als Umzug oder ärztliche Untersuchung getarnt, daß wir erst merkten, was los war, als wir schon mitten drin waren. Ich geriet noch dazu an einen gummideutschen Helfer der Russen, einen der übelsten Spitzel des Lagers. Da war nichts zu retten. Ausgeschüttelt wurde mein Beutel, dem Sergeanten vor die Füße rollten meine Sachen. Er hob sie mit dem Blicke völligen Nichtverstehens auf und warf sie ins hell brennende Ofenfeuer. Ich stand daneben und dachte an die bekannte Geschichte von der Spinne des Gefangenen.

Im Sommer 1947 wütete eine andere Lagerkrankheit. Sie hatte von den vielen, überall herumliegenden Lupen – es war dort in der Kriegszeit eine optische Produktionsstätte gewesen – ihren Ausgang genommen. Ich saß damals hinter der hohen Bretterwand der Isolierbaracke, nichts als ein Stück Himmel und ein paar jagende Wolken. Die vielen Filzungen hatten auch das letzte Messerchen entfernt. Durch die zunehmende Gefährdung war die Disziplin gewachsen. Wir hatten uns mit kräftigem Entschluß „chemisch rein" von allem Verbotenen gemacht. Glasscherben waren nicht verboten, die oben genannten Lupen auch nicht, und einfache Brettchen, wie wir sie alle zum Schneiden des Brotes benutzten, waren von den Tischlern immer hereinzuschmuggeln. Flugs kombinierte unser müßiger Geist die Möglichkeiten. Man ersann kleine Verschen, machte Zeichnungen dazu und brannte in den Mittagsstunden des schönen Sommers beides in die Brettchen ein. Nota bene: die Brettchen kosteten Brot, das Leihen der Lupen oder das Einbrennen, wenn man es von einem der schnell entstandenen Spezialisten machen ließ, ebenfalls. Aber die Lagerkrankheit, der dissonanten Situation entsprechend, wollte es so, und der Lagerschutz schleppte bei den Filzungen körbeweise brandverzierte Brettchen und hölzerne Messer davon. Warum soll ein Hungernder nicht Brot für eine Torheit weggeben, wenn sich seine Seele dabei für einen Augenblick entlastet fühlt?

Mein Freund, der Arzt, und ich unterhielten uns weiter damit, Lagererfahrungen ins Lateinische zu übersetzen, die uns Reiner, Student der Kunstgeschichte und Dritter in unserem Bunde, in die Brettchen brannte. Er selbst liebte Rilke-Verse mehr, für die ich ihm Blumenrahmen entwerfen mußte. Die Kameraden vom Lande wünschten auf ihren Frühstücksbrettern kräftige Verse vom guten Brot und dampfenden Schüsseln. Ich tat ihnen den Gefallen gern und war noch kräftig genug, mich nicht mit Brot bezahlen zu lassen. Solch idyllisches Leben führten wir, während zu Hause unser Besitz geraubt wurde, unsere Frauen nicht wußten, wie sie sich und die Kinder ernähren sollten und während in Paris und Moskau die großen Vier um die künftige Form der Welt würfelten.

Eine Folge des engen Zusammenlebens war auch die Ungezieferplage. Ich habe sie alle wieder angetroffen, die alten Bekannten aus den Tagen des Ersten Weltkrieges. Zuerst stellten sich die Flöhe ein. Etwa 15 fing ich jeden Abend in jedem meiner Strümpfe. Vertilgungsmittel aus der deutschen Zeit und auch solche, die die amerikanischen Eroberer zurückgelassen hatten, versagten. So blieben allein die Daumennägel als Waffe. Herr wurden wir der Plage aber erst, als der Russe die noch aus dem alten Lager stammenden Strohsäcke auf einen hohen Haufen schütten und verbrennen ließ.

Wir erhielten zwar neue Säcke, aber keine Füllung dazu. Es dauerte nicht lange, da zeigte sich im Bad, daß jeder der Männer an seinem ausgemergelten Körper deutlich erkennbar drei Hornstellen trug, an den beiden Hüftknochen und über dem Steißbein. Die Regelmäßigkeit dieser Erscheinung wirkte erheiternd, wie das Geheimzeichen einer Sekte.

Nach den Flöhen kamen die Läuse. Sie stammten wohl auch noch von denen des alten Lagers ab. Ich holte sie mir, als ich in einer besonders engen und vollen Baracke einen Vortrag hielt. Hier griff die Lagerleitung tatkräftig durch, aber nicht, weil ihr an unserer Gesundheit besonders viel gelegen war, sondern weil vom alten Lager her eine sehr leistungsfähige Entlausungsanlage vorhanden war. So sind wir der Läuse immer wieder Herr geworden, aber unsere Kleider, für deren Erhaltung doch nichts getan wurde, gingen dabei in Fetzen. Sie ertrugen die stundenlange Erhitzung nicht. Als einer der russischen Ärzte dies bemerkte, ließ er, auch wenn keine Läuse gefunden wurden, desinfizieren und immer gleich ganze Bataillone. Wir verbargen daher in unserer Not am Entlausungstag einen Teil unserer Kleider im Barackenkeller und machten so die ganze Sache illusorisch. Natürlich wurden wir entdeckt, bestraft, und die Einsteigschächte wurden vernagelt. Aber ein paar Monate Lebensdauer unserer Kleider waren gewonnen. Wanzen erlebte ich erst im dritten Jahr meiner Haft, denn es waren nicht alle Baracken damit verseucht.

Die gefährlichste Wirkung der Enge war die Krankheitsinfektion. Ich erinnere mich noch gut des Tages, an dem ich strafweise in das Isolierbataillon versetzt wurde. Es war in den Nachmittagsstunden eines Spätsommertages. Die Holzbaracke erschien viel dunkler als die Steinbaracke, aus der ich kam. Besonders in den Zwischenräumen der unteren und oberen Betten lag die Dunkelheit wie in Höhlen. Zwei lagen in solch einem Höhlenbett, und da das bei Tag verboten war, so fragte ich nach dem Grunde. Die Antwort wurde geflüstert: offene Tuberkulose. Kurz vor dem Appell wurden die beiden angekleidet und zum Appell geführt. Aufnahme in das Lazarett war verweigert worden.

Erst vom Anfang des dritten Jahres an wurde eine Isolierbaracke für Tuberkulose-Kranke errichtet. Sie war vom ersten Augenblick an voll belegt. An zweiter Stelle unter den Krankheiten, die das Zusammenleben so sehr erschwerten, standen Phlegmone, Furunkulose und Hautflechten. Besonders die letzteren waren in manchen Baracken viele Monate hindurch nicht wegzubringen. Hauptüberträger der Infektion war der Friseur, der mit einem Messer, aus einem Seifennapf und mit einem Pinsel alle 450 Männer einer Baracke behandelte. Bei den ungenügenden Reinigungsmöglichkeiten und dem fast völligen Fehlen guter Seife eiterte jede kleine Wunde. Zur Wundbehandlung fehlte es an Verbandstoff. Große Furunkel mit schmutzigem Taschentuch zugebunden – das sah man alle Tage.

Ernährung

Wieviel Gramm von jedem der einzelnen Lebensmittel pro Kopf ausgegeben wurden, kam gelegentlich zu unseren Ohren und ist auch in manchen Zeitungsberichten mitgeteilt worden. Die Zahlen nahmen sich gar nicht schlecht aus, und es wurde von den sowjetischen Stellen gelegentlich darauf hingewiesen, daß sie der untersten Kartengruppe der Zivilbevölkerung entsprächen, und auf andere Sätze hätten wir ja keinen Anspruch machen können. Der Nährwert wurde mit 1200 Kalorien angegeben. Das war leichter als Bluff zu erkennen, weil der Wassergehalt des Brotes, des wichtigsten Nahrungsmittels und der Verdünnungsgrad der Suppen unberücksichtigt blieben und die Qualität von Fleisch und Fett zu hoch bewertet wurde. Solche Maßstäbe ergeben aber auch deshalb ein falsches Bild, weil sie das Seelische unberücksichtigt lassen. Es gibt einfachere Wege, die Ernährungssituation zu erfassen.

Hübsch anschaulich machte es ein Gutsbesitzer und Geflügelzüchter aus dem Eichsfeld, durch dessen Flur die Zonengrenze lief und der verhaftet worden war, als er sich einmal im östlichen Teil seiner Felder sehen ließ. Er überschlug die Mengen und Qualitäten sorgfältig und stellte dann fest, daß er vor dem Kriege seinen besten Legehennen mehr an Nährwert habe zukommen lassen, als er selber jetzt bekomme. Den Eichsfelder, einen großen hageren Mann, der unter dem ihm auch in den Kriegstagen unbekannt gebliebenen Hunger sehr litt, löste diese Betrachtung innerlich von der Angst vor dem Tode. Sie erheiterte ihn geradezu. Er sah die Ausweglosigkeit ein und legte sich nach kurzer Zeit zum Sterben hin. Etwa gleichzeitig mit ihm starb sein Freund, der Südthüringer Bierbrauer, Jäger und Porzellanfabrikant. Die beiden hatten sich von früh bis spät in Speiserezepten ergangen und alle guten Mahlzeiten ihres Lebens noch einmal genossen. Ähnlich schwer litten die meisten Landwirte, Landarbeiter und auch die Bürger aus thüringischen Kleinstädten, die alle Garten, Feld und Kleintiere gehabt und bis ins letzte Kriegsjahr hinein erheblich mehr als ihre Kartenrationen gehabt hatten. Sie waren nach dem furchtbaren Schrecken der Gefängniszeit diesem jahrelangen Hingezogenwerden an der unteren Grenze des Vegetierens nicht gewachsen. Sie hatten daher eine sehr hohe Sterblichkeit. Ihre Gesichter verloren schon lange vor ihrem Tode allen Ausdruck. Sie sprachen kaum noch und schränkten das Maß der Bewegung aufs Äußerste ein. Holten sie sich dann etwa eine Erkältung oder einen Durchfall, dann erloschen sie wie ein Licht, dem das Öl ausgeht. Zäher waren viele Großstädter, die in den Kriegsjahren das Darben gelernt hatten.

Ein anderer Maßstab für die Unterernährung war die Abmagerung. Es stand bis weit ins Jahr 1946 hinein in den Gebäuden des Wirtschaftshofes noch die Schweinewaage mit den Gewichten. Dort konnte man sich bei günstiger Gelegenheit einmal wiegen und pflegte dann mit betretenem Gesicht beiseite zu gehen. Dreißig bis fünfundsiebzig Pfund Gewichtsverlust waren nicht selten. Leichter merkte man das Magerwerden an den Kleidern. Ich, der ich stets schlank gewesen bin wie eine Tanne, hob schon wenige Wochen nach der Einlieferung ein Drahtstück vom Boden auf und klemmte ein tüchtiges Stück von meinem Hosenbund ab. Nach ein paar weiteren Wochen war das an der anderen Seite auch nötig. Und dann mußte immer ein wenig mehr in die Falte gezogen werden, damit das wichtige Kleidungsstück nicht verlorenging.

Der beste Maßstab aber bot sich uns beim Baden. Der große Brauseraum faßte etwa 180 Personen. Wenn da das ersehnte heiße Wasser auf unsere Körper fiel, eine der ganz wenigen Wohltaten in dem Jammerleben, dann sahen wir uns von Mal zu Mal mit wissenderen Augen an: das ist der unaufhaltsame Verfall. Tiefe Falten, herabhängend wie Gardinen, bei denen, die einst beleibt gewesen waren; schärferes Hervortreten von Rippen und Halsknorpeln, Schwinden der Muskeln an Waden und Oberschenkeln und schließlich – welcher Nichtmediziner hatte je davon gehört – das deutlichste Zeichen der Pellagra: 180 Männer ohne Gesäß! Wie kleine schlaffe Beutelchen hing es von den Knochen herab. Die Russen untersuchten daher den Ernährungszustand nur, indem sie uns von hinten betrachteten. Pellagra I, II, III, das waren die Urteile. Es wurde eine Liste angelegt, und man konnte nun selber beobachten, wie man langsam von Stufe zu Stufe sank. Von dem letztmöglichen Maßstab, dem Sterben und Begrabenwerden will ich an anderer Stelle sprechen.

Es gab für uns noch eine ganze Reihe kleiner Zeichen für unseren körperlichen Zustand, z. B. das Ergrauen. Ich befand mich in meinem 46. Jahre, als ich ins Lager kam und zeigte bei vollem dunklem Haar eben die ersten grauen Spitzen. Nach einigen Monaten schauten mich alte Freunde so seltsam an. „Du bist grau geworden", sagten sie auf meine Frage. Sehr gut erinnere ich mich noch eines Mannes vom Lagerschutz, der ein Vierziger sein mochte und bei der Einlieferung prächtige dunkle Locken gezeigt hatte. Er war nach einem Vierteljahr fast weiß geworden. An seinem ehrfuchtgebietenden Patriarchenhaar war durchs ganze Lager der Besitzer und Herausgeber des „Wandsbecker Boten" bekannt, den wir seiner Vorträge und Roman-Erzählungen wegen schätzten, und er war doch längst noch nicht von patriarchalischem Alter.

Es war ja nicht nur der Mangel an sich, unter dem wir litten. Es war ebenso die falsche Zusammensetzung, insbesondere das Fehlen von Vitaminen und Eiweiß. Das Wundheilungsvermögen ging bedrohlich zurück. Jede kleine Wunde eiterte, und Blutvergiftungen waren sehr häufig. Dann führte die Nachtblindheit zu tragikomischen Zuständen; waren doch viele nachts nicht mehr fähig, den Weg zum Klosett zu finden. Die gänzlich unnötigen Stubenwachen gewannen dadurch die Aufgabe der Blindenführer. Die deutschen Ärzte wurden eines Teiles dieser Erscheinungen Herr, indem sie nach dem Ende des ersten Winters alles, was an grünem Gras und Kraut ums Lager und in der Gärtnerei wuchs, in die Küchenkessel werfen ließen.

Diese Erscheinungen waren die Folge der Einseitigkeit der Ernährung. Was gab es in Buchenwald zu essen? Brot und Graupen! Als ich Zugführer im 9. Bataillon war, entstand eines Abends eine der üblichen Plaudereien über die Dauer der Haft. Karl K., Glasbläsermeister aus Frankenwald, sagte halb scherzend: „Wir werden entlassen, wenn wir 200mal Graupen gegessen haben. Das ist in der nächsten Woche, ich habe gezählt." – Lieber Karl, Dich deckt der klebrige und steinige Boden Buchenwalds, den Du als Totengräber so gut kanntest. Du hast wohl den Tag nicht mehr erlebt, an dem wir 500mal hintereinander, ohne einen einzigen Wechsel Graupen gegessen hatten, und ganz sicher nicht den, an dem wir die tausendste Graupenmahlzeit verzehrten.

Graupen, nichts als Graupen! Zweimal am Tage, 14mal in der Woche, 60- oder 62mal im Monat, den Februar ausgenommen. Die Graupe wurde das Maß aller Dinge. Die breite Ost-Weststraße, die zur Küche führte, hieß bald die Graupenstraße. Der Konstruktion eines Graupenzählers für die gerechteste Verteilung des Essens wurde im Scherz und vielleicht auch im Ernst viel Aufmerksamkeit gewidmet. Wie sich die Graupe im fast meterhohen Transportkübel senke, wie oft man umrühren müsse, welche erlaubten und welche unerlaubten Handgriffe da möglich seien, war Gegenstand nur der ernstesten Diskussion, auch bei solchen, die Haltung bewahrten. Die Landwirte und die Müller wurden über Herkunft und Fabrikation der Graupen ständig befragt, die Ärzte über ihren wahren Nährwert hundertfach konsultiert.

Die Thüringer, diese großen Kartoffelkenner und -liebhaber, fanden schwer den Weg zur guten Graupe. Ihr Jammern ging zwei Jahre hindurch nach Kartoffeln. Dann wurde ihr Wunsch erfüllt. Die Kartoffel hielt ihren Einzug in Buchenwald. Aber sie kam in die Eßschüsseln als Kartoffelrieb, als Mahlzeit fürs Auge. Wenn die dampfenden Kübel in die Baracke getragen wurden, bewegte es sich dickflüssig und schwer darin, und von Mund zu Mund ging das Raunen: „Dickes Essen heute!“ In den Schüsseln war davon schon nicht mehr viel zu merken. Und wer das Pech hatte, sein Essen eine halbe Stunde im Napf lassen zu müssen, der fand eine wasserhelle und wasserdünne Flüssigkeit darin. Ein wenig geriebene Kartoffel, zehn Minuten vor dem Ende der Kochzeit dem Essen beigefügt, hatte das Wunder bewirkt. Ein infamer Trick! Wie schrien da auch die Thüringer wieder nach der Graupe! Aber nun gab es 200mal hintereinander ohne Unterbrechung Kartoffelrieb, und 500mal und 1000mal! Bei den täglichen zwei Mahlzeiten liegt in diesen Zahlen keine Übertreibung, denn die meisten von uns sind mehr als 1000 Tage im Lager gewesen.

Das Essen enthielt ein wenig Fleisch, sieben bis zehn Gramm pro Kopf und Tag, dazu auch in der Kartoffelriebzeit ein Getreideprodukt in sehr wechselnder Menge. Der deutschen Küchenleitung und den Köchen gebührt hohes Lob. Sie haben aus dem Wenigen gemacht, was sich machen ließ. Das Essen war schmackhaft und sauber, und es ging gerecht zu in der Küche, völlig ohne Schiebungen. Daß das Küchenpersonal sich selber besser ernährte als uns, haben wir ihm nicht übel genommen. Wir ließen das alttestamentliche Wort, daß man dem Ochsen, der da dresche, nicht das Maul verbinden solle, auch in Buchenwald gelten.

Und was gab es außer Kartoffelrieb und Graupen? – Brot! Schönes, schmackhaftes Buchenwaldbrot, dazu eine braune Brühe, die heiß war und Kaffee genannt wurde. Die Menge des Brotes war, an den Rationen der Zivilbevölkerung gemessen, nicht gering: 600 Gramm, später 500 Gramm, aber es war ein sehr wasserhaltiges Brot. Aus 100 Pfund Mehl verlangten die Russen 150 Pfund Brot gebacken.

Einmal traf eine russische Militärarztkommission ein, geführt von einem bärtigen Oberst, der ganz die Haltung und das Aussehen eines zaristischen Offiziers hatte. Er kam gerade zur Brotzeit in eine der Baracken und fragte einen der Häftlinge: „Was essen Sie zu Ihrem Brot“? Der schaute ihn erstaunt an. Es gab doch nichts, was er hätte dazu essen können. Wir brauchten zu unserer Mahlzeit nicht einmal mehr ein Messer. Wir brachen wie in biblischer Zeit unser Brot und gewannen ihm in langem Kauen jeden Wohlgeschmack der Welt ab. Aber nicht lange nach jener Frage gab es täglich eine Zuckerration von etwa 15 Gramm. Das war also unsere Ernährung in Buchenwald während dreier Jahre: Zwei Liter Graupen- oder Riebsuppe, 500 Gramm Brot, 15 Gramm Zucker, ein halber Liter Getränk.

Und wieviel war das? Ich habe es schon einmal gesagt und kann es gar nicht anders ausdrücken: Nach dem jäh einsetzenden Hungern in der Gefängniszeit gab es in Buchenwald das gelenkte, das beobachtete, das Dauerhungern.

Ach, unsere armen Bauern! Lieber Rudolf D., ich, der ich so oft an Deinem Tische gewesen war, auf dem Hof, den Deine Familie fast 300 Jahre bebaute, glaubte es Dir voll und ganz, daß Du nie satt geworden bist in den drei Jahren, und daß Dein Hunger nach den Mahlzeiten am stärksten war, wie Du mit schöner Fassung und echtem Humor zu sagen pflegtest. Und Du, lieber Kurt M., Landwirt und Fuhrmann, wie lächeltest Du, als wir uns zu sechst einen Hering teilten, den es in der Endphase ein paarmal gab. Du habest zu Hause nach der schweren Arbeit sechs allein gegessen.

Ja, die nicht unerheblichen Mengen, die wir durch unseren Organismus bewegten, waren bei ihrer Gehaltlosigkeit nicht fähig, uns zu sättigen. Sie dienten nur dazu, das Sterben zu verlangsamen. Die dazu benötigte Mindestmenge war so haarscharf getroffen, daß wir allesamt nicht daran zweifelten, es gebe in Moskau oder einem anderen Kernorte jenes Systems ein wissenschaftliches Kollektiv oder ein Institut, das durch Experimente dieses Minimum ermittelt habe.[3] Es habe festgestellt als seinen Beitrag zum Klassenkampf, wie man Menschen so verhungern lassen könnte, daß die Qual möglichst lange gefühlt und die Anstößigkeit bei der Umwelt möglichst gering gehalten werde. Es war zu teuflisch genau gemessen. Eine Kleinigkeit mehr, dann hätten wir leben können wie in dem Deutschland der Rationierung. Eine Kleinigkeit weniger, dann wäre Buchenwald ein einziges Krankenlager gewesen und wir in einem Vierteljahr erlöst. Das aber wollte man so nahe der äußersten Westgrenze des roten Kontinents vermeiden.

Die Wirkungen habe ich schon beschrieben, und die Zahlen sind veröffentlicht worden. Das nationalsozialistische Buchenwald hat in sieben Jahren 50 000 Menschen verschlungen, davon unzählbar viele durch Blei und Strang, also durch den Augenblicksakt eines Mordes. Das bolschewistische Buchenwald verschlang in viereinhalb Jahren 20 000 Menschen

3 Nach Gerhard Finn besteht für die hier beschriebene Phase eher ein Zusammenhang mit den Berechnungen der SS für die nationalsozialistischen Konzentrationslager: „Für die Berechnung der Verpflegungssätze wurden (zunächst, d. Hg.) russische Kalorienwerte für die einzelnen Lebensmittel zugrunde gelegt, die im Vergleich zu den deutschen Kalorientabellen zu hoch berechnet waren. Später benutzten die Sowjets die von der SS für die deutschen KZ herausgegebenen Tabellen, die in einzelnen Fällen ebenfalls zu hohe Werte ansetzten, da sie bei einzelnen Nahrungsmitteln Qualitätsunterschiede machten. Die sowjetischen Lagerkommandanten nahmen grundsätzlich die höchsten Tabellenwerte als Grundlage für ihre Berechnung." (Gerhard Finn: Die politischen Häftlinge der Sowjetzone 1945–1959, Pfaffenhofen 1960, S. 36.)

ohne Mordhandlungen im engeren Sinne, allein durch den Hunger.[4] Die beiden Systeme sind einander völlig gleich in allen entscheidenden Punkten. Es ist ganz müßig, Unterschiede aufsuchen zu wollen, liegen diese doch ganz ausschließlich nur in der Taktik und in den äußeren Umständen. Hier waltet überall nur die gleiche Mißachtung des Menschen und die Verabsolutierung einer Idee.

4 Nach Angaben des sowjetischen Innenministeriums vom Juli 1990 starben in allen Speziallagern der SBZ von 1945–1950 insgesamt 42 889 Menschen. Für Buchenwald liegen keine Zahlen vor. Die illegalen Totenkarteien der Häftlinge mußten im Frühjahr 1947 vernichtet werden. Heutige Schätzungen bewegen sich in der Größenordnung von 6000 bis 12 000 Toten.

Arbeit

Als ich eingeliefert wurde, trafen die Russen Anstalten, Buchenwald zu einem Arbeitslager zu machen, entsprechend ihrer Gewohnheit. Wir mußten täglich zehn Stunden und wöchentlich sieben Tage arbeiten. Es war noch stockdunkel in jenen Oktober- und Novemberwochen, wenn wir in unseren Holzschuhen die steilen Treppen herunterpolterten, um zur Arbeit auszurücken. Dunkel war es auch noch, wenn wir in der Gärtnerei oder im Gelände des ehemaligen Judenlagers mit der Arbeit anfingen. Dunkel war es schon wieder, wenn wir am Spätnachmittag einrückten. Und nicht nur lange dauern und durch die Woche gehen sollte die Arbeit, sie sollte auch drückend schwer sein, eine wirkliche Strafe. Der Häftlings-Stabsleiter Alex und sein Gehilfe und späterer Nachfolger kontrollierten ständig und bestraften, wen sie an seinen Schaufelstiel gelehnt untätig fanden. Sie bestraften ganze Abteilungen und insbesondere die Führer. Es gab Bunker, Prügel und Essensentzug. Wie ernst es den Russen mit der Strafarbeit war, zeigte sich besonders darin, daß alle Lagerinsassen nach ihrer Arbeitsfähigkeit klassifiziert wurden. Die Kartothek beim Arbeitsamt wies den Stand nach, und es war nicht leicht, in die Gruppen geringerer Leistungsfähigkeit zu kommen. Auch innerhalb des Lagers wurden noch einmal besonders schwere und unangenehme Arbeiten als Strafe verwendet, nämlich für die Insassen der Isolierbaracke.

Buchenwald entwickelte sich aber doch nicht zu einem Strafarbeitslager bolschewistischen Stils. Man befand sich in einem Dilemma. Unterbringungsmöglichkeiten, Küchen, Wasch- und Badeanlagen, die versteckte Lage und der ominöse Name sprachen für Buchenwald. Es konnte gar keinen günstigeren Platz geben. Ein Strafarbeitslager ließ sich aber in Buchenwald nicht mehr errichten. Die Werkstätten waren zerstört, die weltpolitische Lage hatte sich noch nicht genügend geklärt und eine Situation wie am Eismeerkanal oder in der Tundra oder wie an hundert Stellen dieses unübersehbaren Landes in Deutschland nirgendwo gegeben. Man hatte diese Verhältnisse auf russischer Steite erst nach und nach erfaßt. Jedenfalls deutete in den ersten vier Monaten alles auf die Errichtung eines Strafarbeitslagers hin. Es entstanden nun Situationen, die der Komik nicht entbehrten, indem der Anschein schweren Arbeitens erweckt werden mußte, wo gar keine Arbeit war. Ich war eine kurze Zeit Führer eines Zuges und rückte morgens mit 30 Mann zur Arbeit aus. Wir empfingen in der Geräteausgabe Hacken und Schaufeln und fingen irgendwo an, einen Graben auszuwerfen. Am nächsten Tag kam eine andere Kolonne und warf den Graben wieder zu. Ein andermal trugen wir Schrott in großen Haufen zusammen. Hatte er eine Weile dort gelegen, so trug eine andere Kolonne ihn wieder an eine andere Stelle. Wir rissen Baracken nieder, trugen die Teile in endlosen Zügen durch das Lager und bauten sie wieder auf. Wir räumten Baracken, wir lasen Steine von den Freiplätzen, karrten sie fort, schütteten sie auf Haufen oder in Löcher. Unsere Aufsichtführenden gingen sorgenvoll durch das Lager, um irgendeine Tätigkeit für die vielen tausend Hände zu suchen. Wir kleinen Unterführer rationierten die Arbeit, damit wir nicht zu schnell fertig wurden. Einmal hatte ich mit meiner Abteilung einen großen offenen Schuppen von den Resten einer Gummiwarenproduktion des alten Lagers zu räumen. Weit über meterhoch lagen Streifen und Lappen in der langen Halle. Wir stopften Säcke voll und trugen sie in ein mit Schutt aufzufüllendes Gelände. Es war mir und meinen Leuten gleich klar, daß das eine gute Arbeit sei, die mehrere Wochen reichen müsse. Mit dem Aufstellen von Wachen wurde das dann auch erreicht, und wir nahmen wehmütig von dem letzten Gummistreifen Abschied, als sich die Sache nicht mehr hinausziehen ließ.

Merkwürdigerweise waren die meisten deutschen Führer zu solchem Verhalten unfähig. Angst schafft willige Untergebene; das ist ihre politische Bedeutung. In völliger Verkennung der Situation wurden die Befehle so aufgenommen, als seien sie von deutschen Stellen und um eines allgemeinen Nutzens willen ergangen. Manche jüngeren deutschen Führer, ehemalige Offiziere und Unteroffiziere, auch Bahn- und Postbeamte glaubten sogar, eine gewisse Forschheit entwickeln zu müssen und schnauzten und straften tüchtig an den körperlich und seelisch matten Menschen herum. So tief saß die Gewohnheit der Subalternen oder auch das Ethos des großen Krieges in den Menschen. Es dauerte sehr lange, bis die Führenden begriffen, daß hier Gewissensskrupel nicht am Platze seien; daß hier nicht das Recht, sondern die brutale Gewalt wirke, und daß es nur ein Gesetz und eine Verantwortung gebe, nämlich die Menschen zu bewahren. Es haben sich dann mehr und mehr solche Menschen gefunden, unter den Norddeutschen früher als unter den Thüringern.

Die Männer zeigten auf ihrer Ebene den gleichen Mangel. In ihrer dem Gesunden überhaupt nicht zu beschreibenden Schwäche, in ihrem völligen Nichtverstehen des gesamten Systems und aus dem tiefsitzenden Gefühl der sittlichen Berechtigung einer Bestrafung ließen sie alle schnelle Entschlußkraft, alles vorsichtige Bewahren vermissen. Das machte es nun wieder den Führenden schwer, sich für solche Leute einzusetzen. Es war manchmal, um aus der Haut zu fahren, wenn man die

Leute zu Dutzenden auf die Schaufelstiele gestützt frei stehen sah, wo jeder vorbeikommende Russe sie sehen mußte. Oder es zogen in der beschriebenen Weise zehn oder zwanzig einen Wagen so langsam durch das Lager, daß die Strafe geradezu herausgefordert wurde. Und sie kam dann auch jäh und hart. Plötzlich schoß um eine Ecke der gefürchtete Alex oder der an sich menschlich fühlende „Tiger" oder einer ihrer Aufpasser, die lange im verborgenen die Gruppe beobachtet hatten. Es setzte Schläge, Bunker oder beides.

Die kleinen Leute, aus denen das Lager in der Hauptsache bestand, begriffen nicht, daß in Buchenwald, wo alles verkam, auch Arbeit und Tätigsein, Befehlen und Gehorchen nur in degenerierter Form möglich seien, daß man hier täuschen und spielen müsse, weil der Gewalt nichts anderes entgegenzusetzen ist als die List.

Fiel einmal wirkliche Arbeit an, dann entstanden sofort alle die sehr bekannten Erscheinungen sowjetischer oder nationalsozialistischer Zwangsarbeit. Es schien dann, als habe der ganze Apparat nur auf diesen Augenblick gewartet, um sein volles Spiel zeigen zu können. Die besten Gelegenheiten boten dazu die verschiedenen Wellen des Zaunbaues. Die erste kam gleich im ersten Vierteljahr. Wenn ich mich recht erinnere, war der 20. Dezember 1945 der Termin für die Vollendung eines fast drei Meter hohen Stacheldrahtzaunes, der im Norden des Lagers die bewohnten Baracken von einem unbenutzten Teil und von der Gärtnerei trennen sollte. Da haben an die 1000 Menschen in mehreren Schichten schwer gearbeitet. Kolonnen schleppten die schweren Pfähle herbei, Kolonnen gruben die Löcher, Kolonnen setzten die Pfähle. Die gesamte innere Lagerleitung, alle Aufseher, sogar die Bataillonsführer waren in Bewegung, um anzutreiben. Die Russen hatten auch den letzten Mann zur Bewachung mobilisiert. Auf deutsch und russisch wurde kommandiert, geschrien und geflucht. Es war eisige Kälte, in den letzten Tagen verschärft durch heftigen Wind, der durch unsere dünne Kleidung fuhr. Wir hatten unser Soll nicht erfüllt und mußten bis zum 23. Dezember arbeiten. Ich hatte mit meinen Männern, einer Gruppe von nicht voll Arbeitsfähigen, den Auftrag, den schon vorläufig befestigten Draht mit kleinen Drahtstückchen festzubinden. Das war eine Arbeit, die nur winzige Bewegungen benötigte und daher den ganzen Körper nicht durchwärmte. Wir reckten uns an dem hohen Zaun empor, wobei der Wind uns bis auf die Haut blies. Mit erstarrten Fingern drehten wir die Drahtenden zusammen, zehn Stunden am Tag. Die Russen hatten unsere Bataillonsführer bedroht, so daß sie kopflos geworden waren. Immerfort rissen sie an den fertiggestellten Teilen, ob irgendwo eine Lücke sei. Immerfort wurden wir zurückgerufen. Die Männer waren am Ende ihrer Kraft. Einer von ihnen, B., ein Mechaniker aus Suhl, ein alter, kränklicher Mann, brach zusammen. „Macht mit mir, was ihr wollt", schrie er plötzlich und legte sich bei der eisigen Kälte auf den Boden. Er war nicht wieder auf die Beine zu bringen, wir mußten ihn ins Lazarett tragen, wo er nach wenigen Tagen starb.

Ich konnte bald darauf den größten Teil der Leute zurück ins Lager schicken, schlug mit einigen meiner Getreuesten, deren robuste Natur standgehalten hatte, die letzten eisernen Verankerungen in den Boden, überzeugt, daß der Tauwind im Frühjahr alles wieder lösen würde und dieses ganze Werk in jeder Hinsicht unsinnig sei. Dann machte ich mich auch auf den Weg. Der neugezogene Zaun hob sich schwarz aus dem Nebel. Ich warf einen Blick auf die fernen, in der Dämmerung verlaufenden Berglinien, aus denen die Lichter von Neumarkt, von Vippach, von Sömmerda und von vielen unbestimmbaren Dörfern der weiteren Umgebung herüberleuchteten. Dahinter wußte ich den Hügel mit dem auffallenden kugelförmigen Baum, den ich beim Sonntagsspaziergang oft meinen Kindern gezeigt hatte. So nah die Heimat, und ich hatte helfen müssen, eine neue Scheidewand zwischen sie und mich zu ziehen.

Einen anderen Großeinsatz brachte das Entladen von Kohlen aus Eisenbahnwagen. Hierbei war insbesondere das Heranfahren gefürchtet. Für den Pferdezug gebaute Wagen, sehr schwere und plumpe Fahrzeuge mit schlechten Bremsen, waren mit Seilen und Drähten, mit Schlingen und Zugstangen versehen worden. Es waren acht bis zehn Mann nötig, einen solchen Wagen vom Platz zu bringen. Der Weg betrug fast einen Kilometer und hatte eine steil abfallende Stelle. Dort wurden die Seile nach hinten genommen und mit aller Kraft gehemmt. Zwei junge und bewegliche Männer hielten die Deichsel fest. Dann schoß das schwere Fahrzeug mit großer Geschwindigkeit den Hügel hinab. Es gab Achs- und Radbrüche. Die Wagen stürzten um und landeten im Graben. Es gab Wunden, Knochenbrüche und Tote.

Dem ersten Austreiben einer Viehherde im Frühjahr glich es, wenn ganze Bataillone in den Zwischenraum der Zäune getrieben wurden, um dort Grassoden und niedriges Buschwerk, das einem Fliehenden allenfalls hätte Deckung geben können, zu entfernen. Da wir uns dann in unmittelbarer Nähe des Außenzaunes befanden, waren die Russen sehr nervös. Offiziere begleiteten die Kolonnen. Die Soldaten führten Hunde mit, die allerdings jede Dressur verlernt hatten und im Ernstfall unbrauchbar gewesen wären. Von den Türmen schrie es bei jeder zu großen Annäherung an den Zaun. Schüsse fielen, und einem wurde auch einmal ins Bein geschossen.

Große Beunruhigung rief ein Arbeitseinsatz im Frühjahr 1948 hervor. Da mußten in aller Eile die Kartoffelvorräte des Lagers zur Bahn gebracht und abtransportiert werden, eben in jenem Augenblick, da die Ernährung sich etwas gebessert hatte. Wir nahmen das zunächst als ein sicheres Zeichen baldiger Entlassung, da es gut mit einer Reihe anderer Beobachtungen zusammenstimmte, und erlebten die übliche Enttäuschung, daß als Ersatz Getreideerzeugnisse verschiedenster Art ins Lager kamen und daß schließlich nicht nur Trockenkartoffeln, sondern auch Frischkartoffeln neu hereingebracht wurden. Angeblich hatte man einen in den größeren thüringischen Städten plötzlich aufgetretenen Kartoffelmangel mit den Lagervorräten decken wollen. Andere glaubten an eine Verwendung als Saatkartoffeln.

Mein Freund Kurt M. und ich waren um jene Zeit gerade in die Baracke 35 versetzt worden, die einem der großen Kartoffelkeller direkt gegenüberlag. Der Landwirt Kurt saß Stunde um Stunde am Fenster und sah die großen gelben Knollen aus den Kellern hervorbrechen. Wo eine vom Wagenrad zerquetscht war, floß ihr Saft heraus und bildete einen dunklen Fleck im hellen Staube. Es roch nach Keller, nach Erde, nach Frühling. Das sah wie Feldbestellung aus. Kurt, sonst ein ruhiger Skeptiker, öffnete nun doch sein Herz und begann zu hoffen. Er machte eine Rechnung auf. Wer weiß, woher er die Unterlagen hatte? „2000 Zentner", wollte er wissen, „bleiben im Lager, das ist bei den augenblicklichen Rationen und bei der Kopfstärke von 12000 Mann ein Vorrat für 20 Tage." Er lächelte und träumte von seinem Acker, seinen Fahrzeugen, seiner Frau und den beiden Söhnen. Aber er mußte sein Lächeln aufgeben und den Blick in die allerletzte Ferne, den wir zu jener Zeit noch Übriggebliebenen hatten, wiedergewinnen, als die Keller sich wieder mit Kartoffeln füllten. Nichts ist leichter, als den seelisch Leidenden und über seine Situation völlig Ununterrichteten irrezuführen.

Aufs Ganze gesehen haben die Arbeitsgroßeinsätze, also die Verwendung aller oder fast aller Arbeitsfähigen, nur wenige Monate unserer Haftjahre ausgefüllt. Die Normalform der Arbeit war die von Spezialistentrupps zur Erhaltung des Lagers. Die hier gebotene Rücksicht auf das unter allen Umständen zu garantierende Ergebnis der Arbeit ließ Schindereien nicht aufkommen, der Arbeitende hatte es im Grunde leichter als der Nichtarbeitende.

Es gab außer den schon genannten Bäckern und dem Sanitätspersonal etwa noch folgende Arbeitsgruppen: den Verwaltungsstab, die Magazinverwaltung, die Wäscherei, die Desinfektion, die vielbeneidete Gruppe von Landwirten auf dem Wirtschaftshof mit Tierpflegern, Tierarzt,

Fuhrmann, Hirte, die ebenfalls beneidete Gärtnereikolonne, die Rohrleger, das Beerdigungskommando, selbst dieses vielbeneidet, Dachdecker, Schlosser, Kraftwagenfahrer, Tischler und Böttcher, den Lagerschutz und die Feuerwehr.

Diese Leute waren größtenteils in eigene Handwerkerbataillone oder sonstige Wohngruppen zusammengefaßt, hatten mehr und besseres Essen, hatten Gelegenheit, Schuhe und Kleidung zu ergänzen, saßen den wenigen Nachrichtenquellen näher, lernten durch das Zusammenarbeiten mit den Russen diese besser kennen und wurden so besser mit ihnen fertig. Das waren viele Vorteile, und der Andrang zu diesen Stellen war sehr groß. Fast der größte Gewinn war die regelmäßige, den Tag füllende Beschäftigung, damit war das Heimweh und der quälende Gedanke der Nutz- und Sinnlosigkeit des ganzen Unternehmens leichter zu ertragen. Die Handwerkerbataillone zeigten auch ein besseres Vertragen der Leute untereinander. Sie hatten die Möglichkeit, in ihren Räumen jeden Schaden gleich beheben zu lassen, ja darüber hinaus Wände und Türen streichen und mit bunten Bildern bemalen zu lassen. Es machte sich dann da eine farbenprächtige Welt von Rheinlandschaften und ähnlichem breit, die in schreiendem Gegensatz zu der auf dem Ettersberge stand, die aber den Russen gefiel und dem Bataillon einige Filzungen ersparte. Führte einer dann aber doch einmal eine solche herbei, dann konnte der Lagerschutz die verbotenen Gegenstände gleich in Wagenladungen fortbringen. Von Stab und Lagerschutz galt das gleiche.

Es mögen im ganzen 800 oder 1000 Menschen gewesen sein, die auf solche Weise zu etwas erträglicheren Lebensbedingungen kamen. Das ist bei etwa 12000 Insassen wenig. So ist denn das Kennzeichen sowjetischer Konzentrationslager in Deutschland nicht die Arbeit, sondern das jahrelange Herumlungern bei Hungerrationen. Der Weg geht bei diesem Verfahren von der moralischen und psychischen Auflösung zur körperlichen, während er in den Arbeitslagern umgekehrt geht.

Es ist nicht leicht zu ermessen, wie furchtbar es ist, wenn jahrelang das „Bauen" des eigenen Bettes die einzige Tagesleistung darstellt. Der elementare Trieb, sich eine Beschäftigung zu suchen, der dann überstark wird, führte zu einer Unsumme von zumeist spielerischen Tätigkeiten, die fast alle verboten waren, also zu Übertretungen der Lagerordnung. Das wieder brachte Strafen und eine schwere Gefährdung des Gemeinschaftslebens mit sich, zu der der innere Wert der Tätigkeit in keinem Verhältnis stand.

Damit wären so etwa die Eigentümlichkeiten des Häftlingslebens beisammen: durch den beispiellosen Zusammenbruch von Vaterland und

Heimat belastet, von schwerem Leid im eigenen Kreise bedrückt, ständig auf Beschäftigung mit sich selbst angewiesen, ständig durch zu enges Zusammenleben vieler gehemmt und gereizt, ohne Zusammenhang mit der weiteren Umwelt und ohne die geringste Möglichkeit, das Kommende zu ertasten, sahen wir unserem eigenen Verfall zu und maßen die Stationen, die uns noch bevorstanden, an dem Bild derer, die dem Ende schon näher waren.

Die Lagerordnung

Die Russen gaben sich viel Mühe mit der Lagerordnung. Jeder neue Kommandant ließ sie neu in sämtlichen Baracken anschlagen. Soweit diese Anordnungen den bloßen Tagesablauf betrafen, war das eine reine Farce; denn der wichtigste Punkt des Tages, die Appellzeiten, war ganz in die Hände der Russen gelegt und widerstrebte damit jeder Festlegung. Auf dem Zettel stand etwa 17 Uhr. Die deutschen Stellen ließen vorsichtigerweise bereits eine halbe Stunde früher alles bereit machen, und noch mal eine halbe Stunde früher war dann plötzlich der Sergeant schon da. Dafür kamen sie am nächsten Tage eine halbe Stunde nach der planmäßigen Appellzeit, und alles wartete und stand hungernd und frierend herum. Es währte ein ständiger Kleinkrieg, der mit den Posten geführt wurde, die die Lagerstraße beobachteten, und mit den Boten, die den Anfang in den anderen Zonen zu melden hatten. Ein befriedigendes Ergebnis ist nie erzielt worden. Wir bewegten uns ständig auf dem Niveau kleiner Kasernenhofspäße.

Es war überhaupt alles ganz unberechenbar, was die Russen direkt beeinflußten. Nur da, wo deutsche Stellen die Angelegenheit in der Hand hatten, konnte ein geregelter Ablauf erhalten werden, worauf bei der zunehmenden Empfindlichkeit doch so viel ankam. Das betraf in der Hauptsache die wichtigen Angelegenheiten der Essensausgabe. Es bedurfte einer gut laufenden Organisation, um 12 000 Menschen von einer Stelle aus mit Essen und Trinken zu versorgen, wenn nicht unnütze Zeit vertan und durch Warten und Herumstehen die geringen Kräfte verbraucht werden sollten. Das ist im ganzen geradezu mit Virtuosität geschehen. Es genügte aber ein wenig Morgennebel, der auf dem Ettersberg sehr häufig ist, um durch Eingriff der Russen das ganze künstliche System zu stören.

Dann standen die Kaffeeholer mit ihren Stangen zum Sprunge bereit hinter den Türen, die der Lagerschutz nicht öffnen durfte. Dann saßen Tausende von hungrigen Männern an den langen Tischen und starrten sich an. Dann warteten die zu ihrer Arbeit befohlenen Handwerker mit ihrem Gerät in der Hand.

Soweit die Lagerordnung sich darüber hinaus als Regelung des Zusammenlebens gab, versuchte sie den Anschein erzieherischer Absichten und sogar der Fürsorge für unsere Gesundheit zu erwecken. Die Heuchelei und die Anmaßung, die darin lagen, waren eine Quelle ständiger Heiterkeit, denn anders konnte man die Sache nicht nehmen. In Wirklichkeit war die ganze Lagerordnung eine Kette von Schikanen.

Da wurde tägliches Scheuern der Fußböden verlangt. Die dazu nötigen Geräte wurden aber nicht geliefert. Auch trockneten in den muffigen Stuben die Böden erst nach Stunden. Es faulte und schimmelte überall, aber die Russen spielten sich als Erzieher zur Sauberkeit auf. Wir ließen sie bei ihrem Glauben und bespritzten die Stelle, die bei der flüchtigen Kontrolle betreten wurde, tüchtig mit Wasser. An Sauberkeit erreichten wir auf diese Weise den höchstmöglichen Grad.

Da mußten die Handtücher sorglich in Dreiecksform gelegt werden, wobei sie natürlich nicht austrocknen konnten. Da wurde als großes Entgegenkommen eine kurze Mittagsruhe zu einer Zeit gestattet, da das Mittagessen noch nicht beendet sein konnte, und was dergleichen Ungereimtheiten mehr waren. Die einzige erlaubte Beschäftigung war das Brettspiel, und es gab Leute, die am Tag ihre acht Stunden Schach spielten. Jede andere Tätigkeit war verboten. Lesen wurde dadurch unmöglich gemacht, daß der Rest der alten Lagerbücherei, der in unsere Hände gefallen war, konfisziert und jedes etwa eingeschmuggelte Buch oder Zeitungsstück bei den Filzungen unter schweren Strafen weggenommen wurde. Einmal begegnete ich einem Kameraden, der ein dickes Paket Papier unter dem Arm trug. Er war ein Glaser, der damit Fensterscheiben verkleben sollte. Der gute Mann ließ sich bereden, mir nach vorsichtiger Beobachtung der ganzen Umgebung eine Handvoll der Blätter zu schenken. Im sicheren Bettwinkel daheim rekognoszierte ich die Beute als eine Lage aus Georges' lateinisch-deutschem Handwörterbuch.[5] Wie glücklich war ich! Wie habe ich mich wochenlang damit unterhalten, das, was da seitenlang etwa über die Präposition cum mitgeteilt war, durchzudenken. Eine ganz wunderbare geistige Schulung. Ich verschlang jeden Beispielsatz wie einen Leckerbissen. Daß man ihn genießen und außerdem noch dem Arztfreunde weiterschenken konnte, war ein besonderer Reiz. Reiner kam einmal in den Besitz von etwa zwölf Seiten eines kleinen Lexikons, die Buchstaben M und N enthaltend. Wochenlang haben wir mit unserem Doktor über den Artikeln gesessen, über Mailand, Monroe-Doctrin, über Morse. Mit jedem Wort tauchte eine Welt vor uns auf, und die Zusammenhanglosigkeit entsprach unserem inneren Zustand.

Eines Tages aber stand der Sergeant vor uns, zog den vom Bataillonsdenunziant geschriebenen Zettel hervor und verkündete laut: Reiner St. hat

5 Karl-Ernst Georges: Ausführliches lateinisch-deutsches Handwörterbuch, Hannover 1913 (8. Auflage).

Papier. Kein Leugnen half, die Blätter wurden gefunden und Reiner wanderte in den Bunker.

Selbstverständlich war auch jede Aufzeichnung, also der Besitz eines Stiftes, verboten. Dies war eine der Stellen, an denen ich beharrlich gesündigt habe. Ich habe auch einmal auf die Aufforderung einer russischen Offizierskommission, Wünsche zu äußern, den Besitz von Papier und Bleistift als größten Wunsch der ganzen Baracke vorgetragen. Die Herren lächelten nur, und ich hatte Glück, daß ich für meine Äußerung nicht wegen „Überschreitung der Lagerordnung" in den Bunker wanderte, wie ein anderes Mal bei gleicher Gelegenheit.

Bei der Einlieferung in das Gefängnis hatte meine Frau zugleich mit dem „aequam memento rebus in arduis servare mentem"[6], das sie mir über die Köpfe der Soldaten als letztes Wort zurief, mir einen langen neuen Bleistift zustecken können. Ich verkürzte ihn zwar schon vor dem Lagertor auf die Hälfte, als mich ein alter Bekannter, ein Landwirt aus dem Camburgischen, darum bat. Aber auch der halbe Bleistift hat mir über manche Stunde hinweggeholfen. Freilich waren Aufzeichnungen über die Zustände im Lager zu gefährlich, und es ist das wohl auch von niemandem gewagt worden. Aber ich verfaßte allerlei Gelegenheitsverse, um die mich manche baten, und brachte Lagererfahrungen in die Form von Sinnsprüchen. Das war alles nicht zum Aufheben bestimmt. Aber das Bannen ins Wort, das Feilen am Wort, das Empfinden der Magie des Wortes beim Nachlesen boten eine unvorstellbar herrliche Beschäftigung. Sie gehörte zu den wenigen Tätigkeiten, die Gitter und Stacheldraht, Lagerenge, Hunger und Heimweh für Stunden vergessen und die Wunderkraft der Konzentration sowie die Eigenständigkeit der Welt des Geistes erleben ließen.

Nur einmal habe ich Geschriebenes längere Zeit, es mag an ein Jahr herangekommen sein, mit mir getragen. Ich nannte es kurz eine Goethenovelle. Es war nichts anderes als eine freie Ausgestaltung der besonderen Umstände, die die Freundschaft zwischen Schiller und Goethe an jenem 21. Juli 1794 hatten entstehen lassen. Was ich da geschrieben hatte, knüpfte an einen der letzten Eindrücke aus der freien Welt an. Die Tageszeitung hatte nämlich eine Notiz gebracht, daß ein Forscher einen kleinen neuen Beitrag zu den ja gut bekannten Vorgängen aus den Archiven erbracht hatte. Dies beiläufig gelesen, wirkte in mir fort, je tiefer ich in Unfreiheit, Elend und Hunger schritt. In den dunklen Nächten traten jene beiden Gestalten, die nach langer Vereinzelung sich zum Zusammenwirken in einer Menschheitsaufgabe fanden, leuchtend und greifbar vor

6 lat. für: Bedenke, in schwieriger Lage gleichmütig zu sein, bewahrt die Vernunft.

meine Augen. Meine Kenntnis der Orte und des Zeitmilieus hub an, ein Kleid darum zu weben. Freunden las ich's in verborgenem Winkel einmal vor, dann einem etwas größeren Kreise am Geburtstage Goethes, am 28. August. Dadurch hing ich mehr an dem Ding von einem Zettel, als mit den Umständen verträglich war. Durch eine Reihe von Filzungen brachte ich die Konterbande hindurch. Dann kam eine, derart raffiniert und streng, daß ich froh war, das gefährliche Stück Papier durch einen Fensterspalt ins Freie befördern zu können. Sturm und treibender Schnee, dachte ich, würden es vernichten. Aber es kehrte am nächsten Tage zu mir zurück. Ein Stück Papier war damals in den Straßen Buchenwalds etwas so Seltenes und so Wertvolles, daß es einer auch im Schnee bemerkt und aufgehoben hatte. Ich verstand den Wink des Schicksals schlecht und belastete mich von neuem mit dem Zettel. Ich nähte ihn in einen der vielen Beutel, die jeder von uns für seine Habseligkeiten hatte, ein. Bei der nächsten Filzung – es war im Isolierbataillon, wo Derartiges immer sehr streng genommen wurde – geriet ich an einen Lagerschutzmann, der seine Sache genau nahm. Er ertastete den Zettel und schnitt ihn heraus. Er gab ihn aber nicht dem Sergeanten, sondern dem damaligen Führer des Isolierbataillons, Fritz S., dem Anständigsten von allen. Der gab mir den Zettel zurück. Ich hatte aber inzwischen erkannt, daß kein Stück Papier und kein Spiel müßiger Stunden eine Bunkerstrafe wert sei. Ich verbrannte die Zettel.

Das Papier für solche Exkurse stammte wie alles, was eine kleine Erleichterung unseres Lebens brachte, aus dem nationalsozialistischen Lager. Es waren Briefblocks der Häftlinge. Wir betrachteten sie neidvoll, weil sich in einer Kopfnotiz die Bestimmungen über den Briefverkehr mit den Angehörigen befanden: monatlich ein Schreiben und Pakete außerdem. So unerhört herrliche Dinge sollte es damals gegeben haben. Uns verband mit der Welt da draußen auch nicht mehr der geringste Faden.

Als die Magazinbestände dieser Blocks zu Ende gingen, wurde das Papier auch in den vielen Schreibstuben des Lagers knapp. Aus der Zone kam nichts herein. Was die Ausbeutung eines Volkes durch ein anderes erbrachte, ging alles nach Rußland. Nachdem nun auch die Rückseiten der Schreiben aus der alten Zeit verbraucht waren, kamen wie in den Zeiten der Vorgeschichte Täfelchen aller Art zur Verwendung. Es war ein gutes Bild der großen Dürftigkeit, wenn einer beim Abendappell an den geputzten und parfümierten Sergeanten herantrat und ihm die Stärkemeldung von einem gehobelten Brettchen ablas.

Für unsere Bedürfnisse waren wir längst zu den Gewohnheiten der Steinzeit zurückgekehrt. Wer ein Stück Dachschiefer fand, brachte es heim und hatte damit sein Täfelchen. Englische, französische, lateinische, russische Vokabeln wurden notiert, algebraische Aufgaben gelöst. Erich T., Mittelschullehrer aus Berlin, ein ausgezeichneter Praktiker des mathematischen und physikalischen Unterrichts, ging jahrelang in ständigen Kursen seine Fächer durch unter Benutzung solcher Täfelchen. Auf ihnen wurden auch die Hausaufgaben gelöst. Ausgezeichnet war auch die Beispielsammlung zur lateinischen und griechischen Grammatik, die der hochverehrte Karl K., Studienrat aus Arnstadt, aus seinem treuen Gedächtnis auf unsere Täfelchen rinnen ließ. Beide ausgezeichneten Lehrer und Menschen hat der Lagertod hinweggerissen.

Dies alles war durch die Lagerordnung ausdrücklich verboten, selbst Unterricht in russischer Sprache, die Ausflucht der Anpassungswilligen, war „unerwünscht".

Ebenso waren alle Vorträge verboten, und ein Gespräch unter vier oder fünf Leuten konnte für die Russen oder für den Denunzianten schon ein Vortrag sein. Verboten war jede kirchliche Seelsorge, jede Markierung des Sonntags oder eines kirchlichen Feiertages. Ein einziges Tannenreis am Weihnachtstage genügte für die Bunkerstrafe. Ich habe einmal mit Max G., der glaubte, eine gewisse Verbindung nach oben zu haben und die Unerschrockenheit besaß, bei den Russen etwas vorzubringen, als der „Tiger" Stabsleiter war, den Wunsch nach einer Weihnachtsfeier vorbringen lassen. Er ist ausdrücklich abgelehnt worden.

Verboten war auch jedes Singen und Musizieren.

Wir sollten also geistig genauso hungern wie leiblich, sollten geistig genauso sterben wie körperlich.

Ich will nicht die Unzahl weiterer Gebote und Verbote aufzählen. Alles war aufs genaueste geregelt: das Aufstehen, die Mahlzeiten, die Mittagsruhe, das Schlafengehen, die Kleidung, die Haartracht, die Häufigkeit des Rasierens, die Art des Waschens, das Baden. Eine Zeitlang stand auf jedem Klosett ein Wachtposten. Überall gab es im Lager Stellen, die nicht betreten werden durften, vor allem nicht fremde Zonen und Baracken. Begegnende durften nicht durch Zuruf begrüßt, zu den Fenstern der Frauenbaracken durfte nicht hingesehen werden. Daß man durch solchen Wust von Vorschriften überhaupt hindurchkam, war nur dank der Laxheit der Russen in der Durchführung möglich. Wir nannten dieses System in Anlehnung an das alte Österreich eine durch Schlamperei gemilderte Monarchie.

Die durchführenden Organe, die einfachen Soldaten oder Sergeanten, wie wir alles nannten, was irgendeine Litze trug, hatten kein ursprüngliches Interesse an uns. Wir waren für sie die verhaßten Faschisten nur dann, wenn sie in der periodischen Instruktionsstunde aufgehetzt worden waren. Das hielt aber nie lange vor. Schwerwiegender war, daß sie uns absolut nicht verstanden und einen tief sitzenden Respekt nicht loswurden. Ich habe schon darauf hingewiesen, daß sie einen gebildeten und gewandten Mann fast nie schlugen, eher schon einen einfachen Bauern oder Arbeiter. Im Lager zeigte sich das darin, daß die deutschen Führer, wenn sie einigermaßen aufrecht und fest waren, sich auch nach oben durchsetzen konnten. Der schon einmal genannte Fritz S., Porzellantechniker aus Ostthüringen, hat zu unserem großen Vorteil im Isolierbataillon alle Anordnungen der Lagerordnung außer Kraft gesetzt und ist viele Monate damit durchgekommen, obwohl der Sergeant das sah. Darum war der wirklich Gefährliche nicht der kleine Russe, sondern der Denunziant, da er an die GPU-Zentrale direkt berichtete. Griff diese ein, dann ging jede Erleichterung verloren, dann wurden durch das konsequent durchgeführte System der Führerbestrafung und der überschweren Bestrafung alle führenden Deutschen so eingeschüchtert, daß sie nun ihrerseits auf strengste Einhaltung der Lagerordnung achteten. Wenn aber das russische System der weitestgetriebenen Reglementierung von subalternen und feigen Deutschen peinlich genau durchgeführt wurde, dann entstanden einfach unerträgliche Verhältnisse. Dann standen die nervösen und überreizten Menschen wie Kampfhähne gegeneinander. Spitzen Worten folgten schwere Prügeleien. Um Frieden und Ruhe wiederherzustellen, mußten sich auch besonnene Leute einmischen. Bei der Enge des Zusammenlebens blieb keiner unberührt. Neue Denunziationen und Führerumbesetzungen folgten.

Wie die Russen in solche Verhältnisse eingriffen, erlebte ich einmal im Isolierbataillon. Dort wurde eines Tages ein Neuer eingeliefert, Zirkusathlet von Beruf, Deserteur der deutschen Armee, Krimineller. Er schlug gleich am ersten Tag kurz vor dem Abendappell einen anderen so blutig, daß dieser sich nicht mehr reinigen konnte und mit blutbeschmiertem Gesicht und Nacken im Gliede stand. Der Sergeant sah das, ließ sich den Fall erklären und prügelte vor der Front den Schläger, der sich ja nicht verteidigen konnte. Unsere Russenfreunde waren gerührt von so viel Gerechtigkeitssinn. Am nächsten Tage wurde der Schläger zum Kompanieführer ernannt. Er war ein ganz übles Subjekt und plagte uns in jeder Weise. Seine Herrschaft dauerte glücklicherweise nicht lange. Die ihn erhöht hatten, die Russen, stürzten ihn auch wieder. Er saß lange im Bunker, erkrankte und starb.

Bunker, Iso, Flucht und Tod

Was das Konzentrationslager für die Ostzone bedeutete, waren Bunker und Isolierbataillon für das Lager selbst. Schrecken ist das Mittel, mit dem man mit sehr kleinem Aufwand ein Maximum an Herrschaft ausüben kann. Wir haben im Lager oft den Kopf geschüttelt, wie es nur möglich sei, bis zu 17 000 Männer mit etwa 80 Wachmannschaften festzuhalten, alle Quälereien auszuüben und schließlich so viele davon zu vernichten.

Die Angst vor dem Bunker war ungeheuer groß, das Gerücht vergrößerte natürlich die in völliger Verborgenheit sich abspielenden Vorgänge, aber die dahinterstehende Wirklichkeit war hart genug. Ich erinnere mich noch genau der geflüsterten, vorsichtigen Worte, mit denen der damalige Polizeichef uns gleich bei der Einlieferung darauf hinwies. „Bunker", sagte er, „das ist der Tod."

Ich habe zweimal den Bunker kennengelernt, seltsames Spiel des Schicksals: genau zur Wintersonnenwende 1946 und genau zur Sommersonnenwende 1947[7].

Der Bunker befand sich damals in dem Steinbau auf dem Lazarettgelände. Des Morgens wurden 27 Grad Kälte gemessen. Die kleinen Fensterscheiben hatten außen eine zehn Zentimeter starke Schicht von lockerem Reif, innen eine solche von dickem Eis, in das wir vergebens ein Guckloch zu hauchen versuchten. Wir waren sieben Mann. Als einzige Wärmequelle bot uns der mitleidige Lagerschutzmann abends für eine halbe Stunde ein paar heiße Ziegelsteine. Sonst konnten wir zur Erwärmung nichts tun, als uns bewegen. Um sechs Uhr wurden die Holzpritschen des Nachtlagers weggenommen. Der waschküchenartige, etwa sechs Quadratmeter große, mit Betonfußboden versehene Raum hatte dann als einziges Inventarstück den bekannten, glücklicherweise mit Deckel versehenen Kübel. Wir hoben an, im Kreise herumzulaufen, sieben Männer hintereinander, immer im Kreise herum, Stunde um Stunde. Wer aus der Reihe torkelte, hockte sich wohl einmal auf den eisernen Kübel. Aber die Kälte trieb ihn bald wieder in die Reihe. Wer nicht mehr konnte, legte sich wohl gar einmal auf den Steinfußboden. Dann trieb ihn entweder der Blick des Wärters durchs Türguckloch wieder auf, oder wir rissen ihn hoch und zwangen ihn in die Reihe, um ihn vor dem Schlimmsten zu be-

7 22. Dezember 1946 und 22. Juni 1947

wahren. Von vier Uhr nachmittags an kreisten wir im Dunkeln, stolpernd, zusammenprallend, an die Wände stoßend. Die sechs Stunden von da an bis um zehn Uhr, dem Wiederaufstellen der Pritschen, waren furchtbar.

Wir haben uns tapfer gehalten. Ein temperamentvoller Kaufmann aus Johanngeorgenstadt erzählte prachtvoll von dem alten Bergbau in seiner Heimat. Einer von uns hatte das Lager Ketschendorf[8] und einen der Gewaltmärsche mitgemacht, wovon er berichtete. Ich gab aus Weltliteratur und Weltgeschichte einiges dazu, während wir wie die Zugtiere im Kreise herumrannten. Das meiste tat aber die Hand des gütigen Schicksals selbst. Die gewaltige Umstülpung im Lager zu Weihnachten, hervorgerufen durch einen Abtransportbefehl, der hinterher widerrufen wurde, holte uns nach vier Tagen in unsere Bataillone zurück.

Die zweite Bunkerhaft im Hochsommer war an dieser ersten gemessen ein Kinderspiel. Sie war gleich von vornherein auf drei Tage festgesetzt, und ich zog mit meinen beiden Freunden, dem Arzt und Reiner, dorthin, ausgerüstet noch mit einem geheimen Brotvorrat von 600 Gramm. Denn im Bunker gab es nur etwa die Hälfte der sonstigen Nahrungsmittelmenge. Aber eine Haft, deren Dauer und Umstände man kennt, ist ja schon beinahe keine Haft mehr. Die leuchtende Junisonne stand am Himmel, wir öffneten trotz Verbot das Fenster und konnten über einen Erdaufwurf hinweg den Blick weit ins hügelige und waldige Land schweifen lassen. Da ich schon fast ein Jahr hinter der hohen Bretterwand des Iso gesessen hatte, war mir das ein großer Genuß. Am Zirkusrennen hatte sich nichts geändert. Diesmal war ein weitgereister Wiener unter den Kerkergenossen, der sehr interessant vom Kaiserschmarren und vom Bereiten der Spanferkel erzählte. Auch meine Themen waren wieder bereit, und so kamen wir über die drei Tage leicht hinweg. Wir hatten aber beim abendlichen Einholen der Pritschen flüchtig einen Häftling gesehen, der 30 Tage Dunkelhaft hatte und waren über sein verstörtes Wesen erschrocken. Derselbe Mann erschien wenig später im Iso in meiner Kompanie. Sein Gesicht war bleich wie ein Wäschestück. Er vermochte auch das abgeschirmte Licht zwischen Bretterwand und Baracke nicht zu ertragen und saß im tiefsten Schatten, während wir alle mit unseren Schemeln der Sonne nachrückten. Er mied wochenlang jeden Umgang und hatte oft Zusammenstöße, da er wenig Abwehrkraft gegen Rohheit und Selbstsucht entwickelte. Ich suchte ein wenig seine Bekanntschaft und fand in ihm einen schlichten und gütigen Menschen. Er war Arbeiter im ober-

8 Sowjetisches Internierungslager bei Fürstenwalde, 1947 aufgelöst

schlesischen Bergbau gewesen. Was hatte er begangen? Er hatte beim Holzfällen außerhalb des Zaunes auf den Zuruf eines Russen ein Paar Schritte auf die Postenkette hin getan. Das war ihm als Fluchtversuch ausgelegt worden.

Wie kam ich zu meinen Bunkerstrafen? Wegen „Übertreten der Lagerordnung" natürlich. Das erste Mal hieß es, ich hätte Vorträge gehalten. Der Lagerkommandant selbst, der berüchtigte Antonow, Alkoholiker und Psychopath, verhörte mich. Ich konnte ihn beschwichtigen, es seien nur Gespräche gewesen. Er ließ mich laufen. Zwei Stunden später holte mich sein Untergebener, der Zonensergeant, ein Georgier, den wir Napoleon oder auch „den Schwarzen" nannten, und sperrte mich auf eigene Verantwortung ein. Beim zweiten Mal hatte ich in einer vom Bataillonsführer, dem Zirkusathleten, herausgeforderten Diskussion über die Ernährung in das wilde Hin und Her schwerster Angriffe, die ich für gefährlich hielt, ein paar vorsichtige, beruhigende Worte gesprochen. Nicht die Schreier, sondern ich wurde mit Bunker bestraft.

Ein Willkürsystem im Großen hat auf seinen unteren Stufen nur Willkürhandlungen. Die Beispiele sind durchaus typisch und daher ausreichend. Das Entscheidende war die Wirkung. Jeder konnte zu jeder Stunde aus jedem Anlaß zu beliebig langer und schwerer Bunkerstrafe verurteilt werden, auch Frauen, daher die maßlose Angst vor dem Bunker.

Wer im Bunker gewesen war, kehrte nicht in sein Bataillon zurück, sondern kam in das Isolierbataillon, kurz Iso genannt. Das war eine Regel, aber eine Russenregel. Es gab viele im Iso, die nicht durch den Bunker gegangen waren. Es gab auch Bunkerinsassen, die wieder in ihr Bataillon kamen. Auch von dem Iso ging ein lähmender Schrecken durchs Lager.

Ich bin die Hälfte meiner Zeit im Iso gewesen. Zwei Dinge waren es, die das Leben dort gegenüber dem allgemeinen Lager erschwerten: die noch weiter getriebene Beschäftigungslosigkeit und die schärfere Absperrung. Im Iso gab es keine Arbeitskommandos, abgesehen von der ersten Zeit, und keinen zufälligen Arbeitseinsatz. Da damit immer auch Anregungen und oft auch Verpflegungszusatz verbunden waren, da man einen Blick ins Land tun, Freunde treffen, sich für einen guten Schlaf müde machen konnte, da man Neuigkeiten wenigstens in der Form von Parolen mitbrachte, so war Arbeit immer erwünscht und wurde dementsprechend im Iso vermißt. Da aber die Arbeit im Lager von Jahr zu Jahr immer knapper wurde und schließlich zwei besonderen Bataillonen vorbehalten blieb, wog dieser Mangel zuletzt nicht mehr schwer.

Schlimmer war die scharfe Absperrung. Den dazu nötigen Einrichtungen und der Organisation galt der ganze Eifer der kleinen Beamten dieses

Systems. Eisengitter hatten die anderen Baracken auch. Im Iso kam nach einem Fluchtversuch ein dreieinhalb Meter hoher Zaun dazu. Der war allerdings furchtbar. Der Streifen, den die Hochsommersonne zwischen Barackenwand und Zaun beschien, mag zwei Meter breit gewesen sein. Im Winter traf die Sonne zwei Monate den Boden nicht. Wir verfolgten ihren Lauf, sahen, wie sie täglich ein wenig tiefer kam und begrüßten mit Freudenrufen den Tag, da sie in schmalem Streifen wieder auf der Erde lag. Einen Blick ins Land konnte man aus der Baracke 19 nur von einer Stelle tun. Man mußte auf mein Bett klettern. Dann stand man so hoch, daß man durch das Oberlicht des Fensters über den Zaun hinweg in wohl 7 km Entfernung die gegenüberliegende ansteigende Talseite sehen konnte. Ich hatte ständig Gäste dort oben. Besonders die Landwirte kamen und starrten lange regungslos hinüber. Waren's ihrer zwei, so unterhielten sie sich, was der Bauer dort mit seinem Gespann wohl mache und daß in diesem Jahr die Rapsfelder sehr früh blühten. Wenn sie wieder herunterkamen, hatten sie glänzende Augen und sahen weder Betten noch Tische noch das Gewühl der Häftlinge. Die Umzäunung des Isolierbataillons verlangte ein Tor, dieses einen Lagerschutzposten. Kamen die Essenkübel, so wurden sie bei geschlossenem Tor abgesetzt und erst hereingeholt, wenn sich die Bringer entfernt hatten. So streng nahm man es mit unserer Absperrung. Wurden wir zum Baden geführt, so wurden die Straßen geräumt oder entgegenkommende Kolonnen aufgehalten.

Dieses System ging auf die Nerven, aber mehr dem Lager als uns. Wir gewöhnten uns bald daran, im Lager aber hielt man uns für Schwerverbrecher. Ein Dummkopf von Bataillоner, dem ich nach meiner Entlassung aus dem Iso zugewiesen wurde, machte herablassend einige freundliche Bemerkungen, daß nun vergessen sei, was ich getan habe, und daß ich wie alle anderen behandelt werde. Dabei bestand mein Verbrechen darin, daß ich meinen müßigen Kameraden aus meinem Berufswissen einiges zur Unterhaltung geboten hatte.

Mir selbst bereitete das Leben im Iso keine besonderen Schwierigkeiten. Isolierte man uns vom Lager, so war man selbst auch gegen das Lager isoliert. Wir blieben vor mancher allgemeinen Unruhe bewahrt. Was die Nachrichtensperre betraf, so hatte sie nicht viel zu bedeuten. Wir erfuhren doch alles, was die seltsame Insel auf dem Ettersberg bewegte, und zwar durch dieselben Leute, die uns absperren sollten, die Leute vom Lagerschutz. Es läßt sich viel durch eine Türritze flüstern.

Da im allgemeinen jeder Würdenträger von der russischen Lagerleitung nach einiger Zeit aus Prinzip gestürzt wurde, erschienen im Iso nach und nach alle führenden Leute. Wir erhielten so eine gute Gesellschaft.

Jedenfalls habe ich dort mit meinem Arztfreunde und dem jungen Kunsthistoriker auf dem unergiebigen Acker der Unfreiheit eine gute Ernte eingebracht. Persönliche Kräfte sind die einzigen, die unüberwindlich sind. Das ist eine Wahrheit, die jedes System so aufreizt, daß es zu Vernichtungslagern greift.

Das Iso war errichtet worden, als damals eine geglückte Flucht die Russen in heftige Wut versetzte. Es war zunächst das am schwersten arbeitende Bataillon. Dann setzte sich der Isolierungsgedanke rein durch, und zwar plante man Dauerisolierung. Dies ist auch annähernd durchgeführt worden. Nur ganz vereinzelt kam einer nach Isozeit wieder in ein gewöhnliches Bataillon zurück. So wuchs die Stärke langsam an und kam auf etwa 240 Mann, die in zwei Holzbaracken untergebracht waren. Das ist wiederum bei 12 000 Lagerinsassen nur eine kleine Anzahl, also ein geringer Aufwand, der aber eine große Wirkung hat.

Zu jeder Freiheitsberaubung gehört der Fluchtversuch. Er ist ein Ventil, das junge und aktive Menschen vor der Verzweiflung bewahrt. Es gehörte zu den Eigentümlichkeiten Buchenwalds, daß dieses Ventil sehr wenig Erleichterung gebracht hat. Dabei war die Flucht zumindest im ersten Jahr leicht. Aber die Situation war so, daß es für die meisten keinen Sinn hatte zu fliehen, lagen ihre Wohnungen doch im von der sowjetischen Armee besetzten Gebiet. Sie hätten also doch nicht bei ihren Angehörigen leben können. Die Flucht hätte in den Westen Deutschlands führen und die der Familie nach sich ziehen müssen. Das kam für alle, die ländlichen oder gewerblichen Besitz hatten, so wie wir damals über die Verhältnisse in der sowjetischen Zone unterrichtet waren, noch nicht in Frage.

Die Flucht ist von einer großen Anzahl junger, in Westdeutschland beheimateter Leute durchgeführt worden. Einmal kamen vier zu gleicher Zeit durch, daraufhin wurde das Isolierbataillon als Strafbataillon errichtet. Wer fliehen wollte, arbeitete sich nach dem Abendappell an den Zaun heran, der beleuchtet, stromgeladen, anfangs mit einer Alarmanlage versehen war und im Schußbereich der Türme lag. Der Zaun wurde dann mit am Tage bereitgestelltem Gerät entweder unterwühlt oder überklettert. Das ist etwa zehn Leuten gelungen. Auch von Arbeitskommandos außerhalb des Zaunes ist die Flucht mehrmals mit Erfolg durchgeführt worden. Als dann das Lager vielfach unterteilt und der Lagerschutz vermehrt worden war, war die Flucht erheblich erschwert. Alle Fenster waren vergittert, alle Barackentüren verschlossen, zwei bis vier Stubenwachen innerhalb des Gebäudes gestellt. Draußen wären dann weitere vier bis sechs Zäune zu überwinden gewesen, ehe man den Hauptzaun erreicht hätte. Der Versuch konnte nur in einer Nebelnacht unternommen werden, und dann wäre die Orientierung schwierig geworden. Daran scheiterte der Marineoffizier E., nachdem er aus dem Iso entkommen war und schon mehrere Zäune überquert hatte. Ein deutscher Lagerschutzmann sah ihn trotz Tarnhemd und nahm ihn fest.

Die Russen waren, wie immer bei Fluchtversuchen, ganz aufgeregt. Es gab Appelle von vielen Stunden, Durchsuchen des Lagers und Bunkerstrafe für den Bataillonsführer. Früher hatte es auch Essensentzug und 8- bis 12stündiges Strafstehen gegeben. E. kam nach ein paar Tagen in das Iso zurück, am ganzen Leibe blutig geschlagen. Der Sergeant Napoleon brachte ihn und ließ alle antreten. E. mußte sich auf einen Tisch stellen, sich wie eine Primadonna produzieren und sagen: „So geht es einem, der fliehen will." Ein billiger Spaß. Aber es waren doch einige der Leute schon so würdelos und so zerstört, daß sie E. vor den Augen des lächelnden Sergeanten verprügelten.

Jeder Fluchtversuch brachte für das Lager eine so schwere Zusatzbelastung, daß dieser Unwille tatsächlich überall vorhanden war und Verabredungen mehrerer zur Flucht von vornherein erschwerte.

Als die Verzweiflung zunahm, wurde daher die Flucht in den Tod häufiger. Ich habe einmal einen, der sich so der Hand der Russen entzogen hatte, abnehmen müssen. Es war ein Mann von etwa 55 Jahren, ein Gemeindebeamter vom hohen Thüringer Wald, der mit Frau und Tochter in guten Verhältnissen gelebt hatte. Es war damals eine besonders verbreitete und hartnäckig festgehaltene Entlassungsparole gewesen, für den 20. irgendeines Monats. Am Tage danach erhängte sich der Mann. Er hatte die Enttäuschung nicht ertragen können.

Er hatte seine Schuhe sorgfältig mit Maschinenöl geputzt. An seinem Anzug war kein Fleckchen Schmutz oder Staub. Es war ihm gelungen, einen starken Leitungsdraht zu beschaffen und bis zum Tage des Gebrauchs verborgen zu halten. Mit geradezu genialer Umsicht hatte er es fertig gebracht, die zur Tat benötigten 4 oder 5 Minuten des Alleinseins zu gewinnen. Ich glaube nicht, daß es im Tagesablauf eine andere als die von ihm benützte Möglichkeit überhaupt gegeben hat. Er ließ sich wegen Unpäßlichkeit vom Abendappell befreien. Das war in der Zeit, als nicht mehr der Appellplatz aufgesucht wurde, sondern jedes Bataillon vor der eigenen Baracke antrat, beschränkt möglich. Da wartete er nun mit seinem Draht, bis der letzte der Stubendienste hinausgegangen war. Er hörte das Gespräch der Kameraden hereindringen, befestigte den Draht an einem Bettgestell, schlüpfte in die Schlinge und vollbrachte auf einem Bänkchen in seinem Bettwinkel sitzend durch einfaches Abrutschen den Schritt aus dem Universum der Konzentrationslager hinaus.

Die Aufregung der Russen war wieder sehr groß und führte zur Einrichtung von Stubenwachen. Sie wollten auch die allerletzte Möglichkeit des Alleinseins nehmen. Ihre Kunst der Gefangenhaltung von Menschen durch Menschen war wieder um eine Erfahrung reicher geworden.

Aber auch ungerufen kam der Tod. Er holte um diese Zeit, also im Sommer 1946, täglich acht bis zehn der leidgeprüften Männer. Der Vorgang war immer der gleiche: Hunger und Kummer zehrten die Kräfte auf. Nase, Wangen und Mund erhielten jene scharfen, kalten Linien, die wie gemeißelt aussehen. Alle Hoffnung ging den so gezeichneten verloren, schwärzester Pessimismus sprach aus jedem ihrer Worte. Dem Leiter einer thüringischen Volksschule rief ich, als wir uns an einem kalten Märzmorgen zufällig begegneten, scherzhaft die Verszeile zu, die in allen Lesebüchern stand:

Nun weht in grauer Frühe
der scharfe Märzenwind

Er erschrak merkwürdigerweise sehr heftig, nahm mich zur Seite und vollendete den Satz:

Und meiner Qual und Mühe
ein neuer Tag beginnt.

„Das sage ich mir", fügte er hinzu, „jeden Morgen vor." Eine Erkältung warf ihn bald darauf aufs Krankenbett, Fieber trat schon nicht mehr auf, eilige Einlieferung ins Lazarett; denn nach strenger Lagerordnung durfte niemand in den Baracken sterben. Dann erlöste ihn der Tod von den Tagen der Qual und Mühe.

War einer verstorben, so wurde die Sollstärke um eins herabgesetzt, ein Bett und ein Tischplatz wurden frei. Beim Appell rückte man im Glied auf. Schuhe und Kleider des Toten mußten an das Magazin abgeliefert werden, Hemd und Unterhose wurden als Totenkleid belassen. Die Nachbarn, die Dorf- oder Gefängnisgenossen waren ein paar Tage sehr schweigsam. Einer fing wohl an, im Geheimen eine Totenliste seiner Stadt oder seines Dorfes zu führen. Die Filzungen vernichteten aber bald alle diese Aufzeichnungen. So konnte man nichts anderes tun, als weiterzählen und einen zu beauftragen, sich den Sterbetag und die Umstände zur Benachrichtigung der Angehörigen zu merken. So hatten die Gruppen trotz des lautlosen und verborgenen Sterbens doch immer ungefähr einen Überblick über ihre Verluste.

Je mehr dies empfunden wurde, desto schneller fing die innere Einstellung zu dem gesamten Erleben der Internierung an, sich tiefgreifend zu wandeln. Die Parole: dreißig, sechzig, neunzig Tage! war nun endgültig abgetan. Es wurde allmählich jedem klar, daß es hier um Leben und Sterben ging. Man konnte nun nicht länger über Verhaftungsungleichheiten und Verhaftungsirrtümer lächeln und von der Zeit eine Korrektur erwarten. Die Zeit arbeitete gegen uns, und das ganze widerspruchsvolle Gefüge des Lagers wurde von Tag zu Tag drückender. Sollten jetzt wirklich der kleine Mann und der Nichtparteigenosse mit voller Münze zahlen müssen? Das schuf Verbitterung. Die Parteigenossen, die bisher einen Rechtsgrund ihrer Bestrafung anerkannt hatten, erinnerten sich jetzt der Geringfügigkeit ihrer Stellungen und Dienste und auch der aufrechten und opferbereiten Gesinnung, mit der sie sie erfüllt hatten. Der NSV-Verwalter[9] hatte schließlich Gaben an Notleidende verteilt, der Kassenleiter in seiner Freizeit ohne Entgelt eine schwierige und verantwortungsvolle Arbeit geleistet. Sie hatten geglaubt und gehofft und geopfert und sich in allem nicht anders verhalten als die Angehörigen aller kämpfenden Staaten in diesem Kriege, in dem der Bürger eben seine nationale Pflicht erfüllte. Und dafür sollte man nun mit dem Tode bestraft werden?

Seinen Niederschlag fand dieses Gefühl in dem ganz aus der Sphäre des einfachen Mannes stammenden Wort: „Tue nichts Gutes, dann widerfährt Dir nichts Böses!“ Das ist die Weltanschauung der Primitiven. Hier sollen böse Geister abgewehrt werden, und Passivität und Neutralität werden als die besten Verhaltensweisen empfohlen. Es ist eines der Worte, die alte Bauern ihr Leben lang mit sich herumtragen und mit denen sie sich das Unerklärliche im Lebenslauf zu erklären versuchen. Von einem solchen war das Wort wohl ins Lager mitgebracht worden und gelangte dort zu einer ungeheuer großen Verbreitung. Immer wieder versicherten mir die Leute mit jenem unnatürlichen Ernst, der an naives Handeln gewöhnte Menschen befällt, wenn die Untätigkeit sie veranlaßt, denkend zu leben, daß dieses Wort in einem zukünftigen freien Leben ihre Richtschnur sein sollte.

9 NSV: Nationalsozialistische Volkswohlfahrt, sozialkaritative Hilfsorganisation für notleidende Volksgenossen („arbeitsscheue Elemente“ und „Schädlinge der Volksgemeinschaft“ waren von jeglicher Unterstützung ausgeschlossen), bekannteste Hilfsaktion: das alljährliche „Winterhilfswerk“.

Kultur und „Kultura“

Wenn der Buchenwaldhäftling aus der GPU-Zeit die Bücher von Benedikt Kautsky[1], Eugen Kogon[2] und anderen über die SS-Zeit liest, findet er auf Schritt und Tritt Verwandtes. Es kommt ihn aber ein großes Verwundern an, wenn er die Berichte über die politische Betätigung der Häftlinge liest, also die Berichte über die Fortbildung und Verbreitung der politischen Überzeugung, um derentwillen die Männer verhaftet worden waren. Die völlig veränderte Situation wird gut dadurch gekennzeichnet, daß es etwas von dieser Art in der Russenzeit nicht gegeben hat. Es fand sich unter den vielen Tausenden nicht einer, der die Weltanschauung des Nationalsozialismus illegal fortgesetzt hätte. Sie war mit ihrem politischen Mißerfolg untergegangen. So waren denn in Buchenwald und in allen anderen GPU-Lagern Bürger, nicht Träger einer politischen Meinung gefangen, was für die seelische Haltung von großer Bedeutung war. Es fehlte, um mit den Worten von B. Kautsky zu sprechen, der „moralische Rückhalt, den Kommunisten und Sozialisten in ihrer politischen, die Anhänger der christlichen Konfessionen in ihrer religiösen, die Vertreter der résistance in den verschiedenen Ländern in ihrer nationalen Überzeugung fanden“[3].

Etwas wie Neid ergreift mich beim Lesen der Worte Kautskys, daß der politische Häftling „sich seiner Sache sicher war und fest zu seiner politischen Meinung stand“[4]. Wir hatten kaum etwas, dessen wir sicher waren,

1 Benedikt Kautsky: Teufel und Verdammte. Erfahrungen und Erkenntnisse aus sieben Jahren in deutschen Konzentrationslagern, Zürich 1946.

2 Eugen Kogon: Der SS-Staat. Das System der deutschen Konzentrationslager, Frankfurt/Main 1946.

3 Kautsky, a.a.O. S. 156. Kautsky bezieht diesen Satz allerdings auf die jüdischen Häftlinge in den nationalsozialistischen Konzentrationslagern.

4 Kautsky, a.a.O. Seite 65.

zum mindesten nichts, was zu einer Gemeinschaft führen und woraus man eine Aktivität hätte entwickeln können. Was gerettet war, hatte der einzelne aus privaten Beständen, aus innersten und letzten Erlebnissen gerettet, und es dauerte eine Zeit, bis sich darauf Verbindungen herstellten.

Zu Organisationen ist es ganz und gar nicht gekommen. Ich bewundere die Männer, die nach Kogons Bericht ihre Parteiorganisation aufrechterhielten, „ziemlich regelmäßig" Schulungsarbeit leisteten, antifaschistische Feiern hielten, eine illegale Lagerleitung besaßen, an der Zersetzung der SS arbeiteten, Geheimorganisationen in sämtlichen großen nationalen Gruppen unterhielten und für die Gefahren der letzten Tage eine einsatzfähige Truppe geschaffen hatten.[5] Für uns waren alle in solchem Tun liegenden erhebenden Kräfte nicht gegeben, neben der nicht bestehenden Fluchtmöglichkeit eine der niederdrückendsten Tatsachen.

Charakteristisch ist dieses Verhalten aber auch für das Wesen des Nationalsozialismus als einer auf bloßer Addition ohne echte Synthese, auf Scheinerfolgen und grober Propaganda beruhenden politischen Anschauung. Er vermochte über den Sieg der Gegenseite hinaus keine Kräfte mehr zu entwickeln, wie in Deutschland, so im Lager. Was wir besaßen, stammte aus älteren Geisteshaltungen, aus deren notgedrungener Reproduktion wir zunächst unsere geistigen Bedürfnisse bestritten, um sie dann in wenigen Köpfen doch zu neuen Ansätzen fortzubilden.

Zunächst geschah etwas sehr Einfaches: An die Stelle der Verhaftungsgeschichten traten Gespräche, meist der Berufs- oder Fachgenossen. Dann erwuchsen aus den Gesprächsführern Vortragende. Diese, anfangs gebeten und gedrängt, gewannen schließlich selbst ein Interesse am Vortrage, weil es ihnen Beschäftigung bot. Sie gestalteten darum auch die Form ihrer Darbietungen mit Liebe und Geschick aus, gewannen so ein ganzes Programm geformter Vorträge, die sie allen Verboten zum Trotz von Baracke zu Baracke trugen. Die Aufgabe bestand dabei fast immer darin, vor Laien zu sprechen, und der Zwang zu volkstümlicher Darstellungsweise war ständig.

Ich habe alle Zeit große Achtung gehabt vor dem geistigen Interesse, das viele Landwirte, diese kleinen und mittleren Bauern Thüringens und der Ostprovinzen in ihrer Arbeit hatten. Aus den verschiedensten Landschaften zusammengekommen, nahmen sie im Lager den Austausch ihrer Erfahrungen vor. Bis in letzte Details fragte man den Gemüsebauern, den Blumenkohlbauern, den Schweinezüchter, den Pferdehalter aus. Um

5 Eugen Kogon: Der SS-Staat, Frankfurt/Main 1946, S 317 ff.

Backen und Schlachten, um Dreschen und Düngen ging ganze Tage das Gespräch. Systematiker der landwirtschaftlichen Praxis, die über den Ablauf des ländlichen Jahres zu sprechen vermochten, fanden auch Nichtlandwirte unter ihren Hörern. Auch die Spezialisten für Kleintierzucht, für das Milchschaf, für Feldgemüse- und Obstbau, für Imkerei, für Nutriazucht waren in weiteren Kreisen beliebt. Mancher aus seinem Amte vertriebene Beamte, mancher Flüchtlingshandwerker hatte begriffen, daß er sich näher an die Urproduktion werde heranschieben müssen. Solange noch Papier und Stifte vorhanden waren, wurde viel geschrieben, gelernt und wiederholt. Es versuchte sich mancher mit großem Eifer und dem aufgeregten Interesse des Häftlings an den Regeln des Fruchtwechsels und der Düngung, der von diesen Dingen bisher nie etwas gehört hatte. Einem akademischen Landwirt bin ich nicht begegnet. Aber die vielen Absolventen von landwirtschaftlichen Winter- oder Fachschulen machten sich auch an die Lösung zeitgegebener volkswirtschaftlicher Probleme, die die Landwirtschaft betrafen. Sie gingen den Folgen des Verlustes der Ostgebiete, dem Rückgang der Viehwirtschaft durch die Kriegsereignisse, dem Fahrzeugmangel, dem Gesinde- und Arbeitermangel nach. Sie konstruierten ganze Systeme unter den neuen Verhältnissen: die 20-Morgen-Wirtschaft, die zugviehlose Wirtschaft, der zwei bis vier Morgen große Stadtrandgarten des Industriearbeiters, die genossenschaftlichen Möglichkeiten in der Landwirtschaft, die Folge der Weltmarktkonkurrenz. Eine Gruppe kannte ich, die mit den Resten der Bleistifte und mit dem letzten Papier wochenlang die vergangene und vermutete Situation durchkalkulierte. Diese Männer kannten die Preise, die ihre Väter für das Gerät gezahlt und für das Produkt bekommen hatten ebenso wie die, die sie selber vor und nach dem ersten Weltkrieg gehabt hatten. Sie blickten mit Sorgen auf die Gestaltung des neuen deutschen Staates, der den Wiederanschluß an die Weltwirtschaft durchzuführen haben würde. Sie trieben dies mit dem gleichen Eifer, als wenn sie einen Hof oder eine Gemeinde verantwortlich zu lenken hätten und schwebten doch völlig im leeren Raum und fanden hernach eine Situation, an die sie auch nicht im entferntesten gedacht hatten. Welch sinnloses Brachliegen, welch nutzloses Umherschweifen der Kräfte!

Die sich erfrischenden Blicke, die geröteten Gesichter verrieten die Erregung derer, die nach der Heimat, nach Haus und Hof schrien wie Tiere nach Wasser und Nahrung. Die Gespräche glitten von der strengen Erörterung leicht ins Plaudern über Taufe und Hochzeit, Kirchweih und Jagd ab. Besonders, wenn nach Frost und Nebel der Wintermonate sich das Land wieder öffnete, wenn die Erde dunkelbraun und glänzend lag, wenn die grünen Spitzen der jungen Saat steif und gerade standen, war mit den Kameraden vom Lande nicht gut Kirschen essen. Dann hatten sie es schwerer als andere. Das war wohl auch die Ursache dafür, daß das Lagergerücht den Bauern manches Böse nachsagte. Knorrige und die Gemeinschaft belastende Burschen sind viele unter ihnen gewesen. Unter dem Hunger litten sie schwerer als wir, zahlten auch dem Tode einen höheren Zoll. In ihren wertvollsten Vertretern bildeten sie aber auch ein Element der Ruhe und Ordnung und stellten viele tüchtige Kompanieführer.

Auch bei den Handwerkern fand ich kräftige geistige Durchdringung ihrer Berufstätigkeit. In besonders guter Erinnerung habe ich einen Bäcker von der oberen Saale, einen noch verhältnismäßig jungen Mann. Er bot mir auf meine Bitte sozusagen in einem Privatkurs die bakteriologischen Vorgänge, die Hefe und Sauerteig hervorrufen, und den Backprozeß selbst samt allen praktischen Folgerungen daraus in einer Weise dar, die jedem Lehrbuch über sein Handwerk Ehre gemacht hätte.

Von den Intelligenzberufen hatten die Juristen früh einen Zusammenschluß. Einer von ihnen war jahrelang Mitglied einer Prüfungskommission gewesen und hatte schulgemäße, intelligenzschärfende Fälle in Vorrat. Da benutzten die anderen gern die Gelegenheit, an grundlegende Fragen oder entlegene Rechtsgebiete heranzukommen und sich im Eifer schulmäßigen Lernens wieder jung zu fühlen.

Aber diese ganze berufsbezogene geistige Arbeit, so ausgedehnt sie gewesen ist, so beharrlich sie nach allen Perioden strenger Unterdrückung immer wieder erstand, stellte doch nur einen kleinen Teil geistigen Lebens unter den Beschäftigungslosen dar. Nach Jahr und Tag hatten sich die Themen erschöpft. Was so eng der Lebensrealität verhaftet war, verlor seine stützende Kraft in dem Maße, in dem die Hoffnung auf Entlassung sank, also gerade dann, wenn solche Stützen mehr und mehr nötig wurden. Aus dem Hunger nach geistiger Beschäftigung überhaupt erwuchs derjenige nach den höchsten geistigen Werten.

Da war es dann von großer Bedeutung, daß sich aus der Schar von einigen hundert Vortragenden der oben beschriebenen Art etwa 20 hervorhoben mit Themen gänzlich anderer Art und damit eine im Geistigen grundlegende seelsorgerische, Widerstand begründende und für die Zeit nach der Rückkehr wegweisende Tätigkeit begannen. Es war uns allmählich klar geworden, daß wir der Vernichtung entgegentrieben und daß die Erhaltung jedes einzelnen Menschen ein Gewinn sei. Andere Ziele zu setzen war unmöglich.

Das Hervortreten dieser Männer in ihren Bataillonen und ihr Bekannt- und Berühmtwerden im Lager ging verhältnismäßig schnell vor sich.

Wenig mehr als einen Monat nach dem Eintreffen der „Landsberger“ begann diese Periode eines blühenden geistigen Lebens. Sie füllte die ganz merkwürdige und unerklärbare Pause in der russischen Wachsamkeit, die etwa bis in den August 1946 dauerte. Das allgemein wahrgenommene Signal für das Ende war die strafweise Versetzung von einem Dutzend Vortragenden und Kulturwarten, wie wir die Organisatoren in den einzelnen Bataillonen nannten, in das Isolierbataillon.

In dieser kurzen Zeit also sträubte sich kaum ein Kompanieführer gegen das Abhalten von Vorträgen in den Tagesräumen. Wo ein ängstlicher oder russenhöriger Bataillonsführer dies doch versuchte, wurde er einfach überrannt, wie z. B. der berüchtigte Donner vom damaligen 9. Bataillon. Die deutsche Lagerleitung war im Bilde und tat nichts, so leise sie sonst auch immer trat und treten mußte. Es kam soweit, daß der Stab selbst Vortragsabende veranstaltete, wobei etwa Stabsleiter Portefei nicht nur persönlich anwesend war, sondern einleitende und dankende Worte sprach. Die deutsche Lagerpolizei war ebenfalls nicht nur im Bilde, sondern förderte die Sache eifrig und geschickt. In der Unterkunft des Lagerschutzes wurden Vorträge gehalten. Der Polizeichef sorgte persönlich dafür, daß den Vortragenden aus dem reichlichen Essensvorrat eine Portion vorgesetzt wurde. Das eine Drittel der Männer, das jeweils Wache hatte, legte Wert darauf, daß nach seiner Ablösung der Vortrag wiederholt wurde. So kam es, daß zu einer Zeit, als der Verkehr zwischen den Zonen schon durch strenge Kontrollen ging, als jeder Passant einen Ausweis haben mußte, und zu einer Abendstunde, in der jeder Verkehr auf den Lagergassen schon verdächtig war, die beiden Thüringer, die Goethes Faust mit verteilten Rollen rezitierten, lachend dem Lagerschutzmann in seinem Häuschen zuriefen: „Hier Faust – hier Mephisto!“, und damit passierten.

Ich nenne im folgenden einige Namen von Dozenten der „Volkshochschule“ und teils sogar „Hochschule“ Buchenwald. Der Leser soll dann wissen, daß der Mund des Genannten für immer verstummt ist. Es deckt seinen Leib der klebrig-steinige Boden Buchenwalds, und es ist die Nennung des Namens ein Teil des Dankes, der ihm gebührt. Von den Überlebenden könnte ich einige nennen, da sie der tückischen Macht entrückt sind, die eine zweite Stätte des Grauens in den Resten der ersten schuf. Ich will es um der zwei oder drei willen, die noch in ihrem Bereiche leben, nicht tun. Es soll niemand, auch nicht aus Andeutungen, gefährdet werden.

Wenn ich an die furchtbare Zeit im Iso zurückdenke, treten mir die Bilder von zwei Lehrern bester Art vor die Seele. Der eine war Dr. Karl Keil aus Arnstadt in Thüringen. Ein immer hilfsbereiter, immer tröstender und ermunternder Mensch. Er unterrichtete in der Zeit, als noch etwas Schreibpapier aufzutreiben war, monatelang einen kleinen Kreis in Griechisch und Latein. Ohne jedes Hilfsmittel wußte er doch große systematische Kraft und Klarheit an jenen so einfachen, einprägsamen und erleuchtenden Beispielen zu offenbaren, die eines Lehrers Eigentum sind. Generationen von Lehrern haben sie gebildet und im Weiterreichen verfeinert, so daß in ihnen nicht nur Sprache, sondern auch das geistige Wesen jener Völker sichtbar wird. Unglaublich leicht flossen ihm jene Sätze aus dem Gedächtnis, und seine Übungsaufgaben enthielten die Schwierigkeitsstufen in wohlabgewogener Dosierung. Diese Summe von Lehrererfahrung bot einfach einen geistigen Genuß, und es ist lange nach dem Verbrauch auch des letzten Papierstreifchens noch davon geredet worden. Karl Keil zeichnete dann auch in seiner stillen Weise die Gestalten der griechischen Tragiker nach. So erklangen in Buchenwald das „en archä ho logos“[6] diese uralten vieldeutigen Worte, in ihrem Urklang, und das „homo sum“[7] wurde wieder Programm angesichts der unmenschlichen Zustände, in denen wir lebten.

Was Karl Keil für die alten Sprachen, das war der Berliner Mittelschullehrer Erich Todenhagen für die schulmäßig betriebene Mathematik und Physik. Auch bei ihm lag der höchste Genuß in dem Mitgehen in seiner Lehrweise. Daher hatte er viele treue Schüler, und man sah sie oft in den versteckten Bettwinkeln und auf Zetteln oder Schiefertäfelchen die Aufgaben lösen, die ihnen gegeben waren und die der Lehrer sorgfältig nachsah. Eine Verwendung der dabei gewonnenen mathematischen oder physikalischen oder der oben genannten sprachlichen Kenntnisse faßte keiner dieser Männer ins Auge. Sie lösten die Aufgaben, weil sie sich beschäftigen wollten, aus dem edlen Spieltrieb des Geistes. Mir selbst hat Erich Todenhagen, nachdem ich in langem nächtlichem Strapazieren meines Gedächtnisses mit meinem Arztfreunde zusammen die Philosophie des Descartes rekapituliert hatte, die analytische Geometrie in ihren Prinzipien so lichtvoll entwickelt, daß wir beide einen Augenblick glaubten, das Ewige selber habe sich uns in seiner Struktur enthüllt.

Den beiden Genannten kam in der wissenschaftlichen Kühle und formalen Bestimmtheit von allen Vortragenden der Berliner Pressemann Dr. Albrecht in seinen Vorträgen aus der Geschichte des Welthandels am nächsten. Wohl gab es darin stofflich interessante Einzelheiten, und die

6 griech. für: Am Anfang war das Wort.
7 lat. für: Ich bin ein Mensch.

Zahl seiner Hörer ging in die Hunderte. Aber die Vorträge empfingen ihr Leben doch vorwiegend von der unbeirrbaren Kraft mit der er seine Linien durch große Stoffmengen zog und den Kreis der vorhandenen Möglichkeiten durchmaß. Beziehungslos ist für den Gefangenen und Beschäftigungslosen ohnehin alles, und so folgten sie gern dem erstaunlich kenntnisreichen Manne sowohl ins alte Ägypten wie ins moderne China. Die von einem der einseitigen Prinzipien des letzten Systems gewollte deutsche Isolierung erschien uns angesichts der Allverbundenheit der Welt, die uns Dr. Albrecht enthüllte, besonders töricht und beklagenswert. Wir fingen wieder an, uns zur alten deutschen Weltläufigkeit zu bekennen, und so entsprangen hier die ersten Keime künftiger Verhaltensweisen.

Hatte Albrecht noch breite Partien einfachen Referierens, so waren die Vorträge, die ein Berliner Jurist über das englische Bildungswesen, insbesondere über die Colleges von Oxford und Cambridge hielt, in jedem Satz aktuell und auf eine nach der Entlassung zu entfaltende Aktivität gerichtet, auf Weltläufigkeit im geistigen Sinne, Erfahrungsaustausch mit den anderen großen Kulturvölkern, Überwindung des deutschen Obrigkeitsstaates und Erweckung von Initiative aus traditionsgebundenen sozialen Gebilden. Diese Vorträge, deren Inhalt aus Englandreisen und dem persönlichen Umgang mit Engländern stammte, machten einen tiefen Eindruck im Lager, auch bei den Kameraden aus Landwirtschaft, Handwerk und Arbeiterschaft. Sie lieferten eine Zeitlang den Hauptinhalt der Lagergespräche.

Der Redner war einer der wenigen, die sich über das Antirussische, das in allen Vorträgen – insbesondere den seinen – lag, völlig klar waren, was bei vielen anderen Rednern und der Mehrzahl der Hörer nicht zutraf. Trotzdem setzte er, protestantischem Denken verpflichtet, verantwortungsbewußt und tapfer seine Vorträge fort. Merkwürdigerweise ist gerade er bei der schon genannten Razzia auf Vortragende nicht gefaßt worden. Die Denunzianten, die jene veranlaßt hatten, waren ja nicht nur moralisch, sondern auch intellektuell von niedrigstem Grad. Sie wußten nicht, wer eigentlich gefährlich war.

Einer der feinsten Geister, die die sowjetische Nacht vorschlungen hat, war der Berliner Journalist Kurt Reich. Wenn ich ihn Journalist nenne, so trifft das zu, da er diesen Beruf zuletzt ausgeübt hatte und dieser Tätigkeit wegen verhaftet worden war. Aber er war viel mehr, und seine Beschäftigung als Journalist hatte die Vielseitigkeit seiner Bildung nur erweitert, nicht hervorgerufen. Er hatte ein langjähriges und tiefgehendes, mehr auf Systematik als auf ein Pfarramt zielendes Theologiestudium hinter sich.

Er besaß ein breites philosophisches Wissen, das sich am deutschen Idealismus genährt hatte. Die an Problemen aller Art überreiche Zeit der Weimarer Republik muß ihn dann wie viele aus der akademischen Jugend zu den großen Themen von Staat und Volk geführt haben. So ist unter den Rednern seine Palette die farbenreichste gewesen, und er hat im Lager eine einzigartige Rolle gespielt, obwohl er nie ein Amt bekleidet hat. Den „großen Reich" nannte man ihn. Bei seinen Vorträgen wurden alle Vorsichtsmaßnahmen ängstlicher Kompanie- und Bataillonsführer über den Haufen geworfen. Ich kann mich noch gut seines zweiteiligen Vortrages über das britische Weltreich erinnern, den er unter anderem auch im 9. Bataillon, dem damaligen Donner-Bataillon, hielt. Da saßen wohl schon eine Stunde vorher viele aus den Nachbarbataillonen vor dem Treppenaufgang, denn es war ein oberer Doppelraum der Steinbaracke vorbereitet worden. Die Leute hatten Schemel und Bänke mitgebracht. Da sie selbst in ihren blauweißen Häftlingskleidern, mit den selbstgearbeiteten Mützen und den phantasievoll geschnitzten Stöcken ein seltsames Bild boten, kann man sich leicht ausmalen, wie das in der Lagergasse aussah. Die Bataillonsangehörigen waren verärgert, daß sie ihren gewohnten Platz aufgeben und andere Unbequemlichkeiten haben sollten. Sie fürchteten Brotdiebstähle und ähnliches. Es gab heftige Worte. Aber der Strom nahm zu. Die beiden Räume füllten sich. Jeder Vorplatz, jeder Fensterriegel waren schließlich besetzt. Dann kam Reich, in der gleichen Kleidung wie alle, schmal, blaß und von schwerer Gefängnishaft sehr mitgenommen. Er sprach wider alle Regeln der Vortragskunst zwei Stunden. Er sprach auch keineswegs sehr volkstümlich. Im Grunde war er der deutsche Akademiker geblieben: kenntnisreich, voll kluger Anspielungen und feiner Formulierungen immer auf Einheit und Ordnung bedacht und aus den Erfahrungen journalistischer Tätigkeit stets auf Wirkung hin gestaltend. Aber, da die Erzählung vom glücklicheren Schicksal eines Volkes, von den zahllosen Möglichkeiten eines über den ganzen Erdball verteilten Lebensraumes auf die Stimmung Besiegter und von Heimat und Besitz Vertriebener stärkstens wirken muß, so hatte Reich seine Hörer im Bann. Wie wenig sie auch an das Hören belehrender Vorträge gewöhnt waren, so hielten sie doch in schlechter Luft und auf unbequemem Sitz aus. Man stellte am Schlusse noch Fragen, man diskutierte, bis die Mitteilung, daß die Essenholer sich in Bewegung setzten, die Versammlung blitzartig auflöste. Da konnte nun kaum noch der Satz zu Ende gesprochen werden. Von den Treppen und aus den Türen quoll der Strom, als sei eine großstädtische Kinovorführung beendet. Schemel und Bänkchen wurden über den Köpfen balanciert. Der Barackenvorplatz und die Lagergassen waren im Augenblick von Menschen übersät. Irgendwelche Tarnung war ausgeschlossen. Jeder zufällig vorbeikommende Russe hätte die Anhäufung bemerken und melden müssen, so sehr widersprach all dieses der Lagerordnung. Aber in diesen Sommerwochen des Jahres 1946 geschah merkwürdigerweise nichts.

Auch Reichs andere Themen fanden viel Beifall, z. B., wenn er über die Balkanproblematik sprach. Ein Thema hatte er, bei dem trat das sozusagen krankhafte Element unserer geistigen Tätigkeit in Buchenwald besonders stark hervor. Es war das über die deutschen Universitäten, das Reich historisch und programmatisch in zweimal zwei Stunden behandelte. Da saßen also an die 300 Menschen in der oben beschriebenen Weise und Kostümierung beisammen, meist Bauern, Handwerker und Arbeiter, die weder jemals eine Universität betreten noch ein Kind dorthin zu entsenden hatten. Bei dem historischen Teil mochte das noch begreiflich sein; denn der bäuerliche Mensch im besonderen und der einfache überhaupt haben ein elementares Interesse am Werden und Vergehen der großen Kulturgebilde. Reich verstand es gut, was bei diesem Thema aufzuzeigen war, nämlich den gewaltigen Strom antiker Bildung, die Revolution des geistigen Lebens in der Reformation und das himmelstürmende Wollen der deutschen Idealisten nachfühlbar zu machen. Hier war er in seinem eigensten Reich. Im zweiten Teil seines Vortrages drehte es sich im Wesentlichen um das Abschütteln der Fesseln des nationalsozialistischen Systems und das Wiederherstellen der korporativen Selbständigheit unserer Universitäten. Viele seiner Vorschläge blieben im Organisatorischen stecken, wie es vorher und nachher manchem Universitätsprofessor und manchem Kultusminister geschehen ist. Das Auffallendste war das Interesse dieses Zuhörerkreises. Wer will analysieren, welche inneren Bewegungen den zusammenhielten?

Einmal hat das Wort eines mit Teilnahme an seiner Sache sprechenden gewichtigen Menschen immer eine bannende Gewalt. Dann war das Thema an sich groß und erhebend. Endlich ist in Zeiten tiefen Zusammenbruchs auch für den einfachen Menschen das Miterleben eines Willens zum Aufbau, ja, schon das vorausgehende Spüren nach Möglichkeiten des Aufbaus für jeden wachen Geist einfach ein Glück. Und wir waren völlig unbeschäftigt!

Reich tat noch mehr. Er hielt Sonntagsgottesdienste, wobei ein gerettetes Neues Testament ihm lange Zeit dienlich war. Da seiner leidgezeichneten, durchgeistigten Gestalt eine natürliche Zuneigung der Männer entgegenkam, so fiel ihm eine weitreichende, seine körperlichen Kräfte stark belastende Einzelseelsorge zu. Die Leute baten ihn um eine Unterredung, er vereinbarte mit ihnen unter sorgfältiger Einrechnung der relativ ruhigen und unruhigen Zeiten im Lagertag die Stunde, und dann sah man ihn an einsamer Stelle mit dem Trostbedürftigen auf und ab wandern. Es gab in Buchenwald ständig viele, die glaubten, die Last ihres Kummers nicht mehr tragen zu können und etwas davon auf mittragende Schultern abzuladen versuchten. Es gab auch ständig solche, die die Auflösung ihres Körpers so sicher fortschreiten fühlten, daß sie ihren letzten Willen einem verläßlichen Manne offenbarten.

Welches Schicksal war Reich selbst bereitet? Er gehörte zu dem knappen Dutzend von Häftlingen, die wegen irgendeines Zusammenhanges zu dem Vortragswesen etwa im September 1946 in das Isolierbataillon versetzt wurden. Dort ist er nach etwa einem Jahr, wie erzählt wurde, an Kehlkopftuberkulose gestorben.

Der Vortragstätigkeit von Reich kam nach Inhalt und Form die eines Studienrates von den Thüringern nahe, der sich Goethes Faust zum Hauptthema gewählt hatte. Wie Reich ein Neues Testament, so hatte er eine der bekannten kleinformatigen Dünndruckausgaben beider Teile des „Faust" mit ins Lager gebracht. Ich erlebte den unscheinbaren Vorgang, der sich bei der Durchsuchung seines Koffers abspielte, mit. Die beiden Bändchen lagen obenauf. Der Sowjetsoldat blätterte sie durch. Die liedartig abgesetzten Druckzeilen mochte er für Gebete ansehen, und aus einem letzten Rest von Achtung vor kirchlichem Brauch legte er sie wieder in den Koffer zurück. So kamen sie ins Lager und bildeten dort eine Art von Heiligtum. Ein westdeutscher Jurist mit Namen Welzdorf, ein vielseitig interessierter Mensch und Bibliophiler, gewann sie einmal mit List und Entschlossenheit zurück, als sie durch Unvorsichtigkeit in die Hände des Kontrollpostens vor dem Tore gefallen waren. Einmal wurden zwei oder drei Lagen vom Buchbinder vorsichtig herausgenommen, eingebunden, dem damaligen stellvertretenden Lagerkommandanten, einem simplen Sergeanten, zusammen mit der russischen Übersetzung vorgelegt, um die Erlaubnis zu einer Aufführung zu bekommen. Der geschickte Buchbinder fügte die Lagen nachher wieder ein, und der Thüringer konnte seinen Schatz wieder zurückerhalten. Als die verschärften Filzungen einsetzten, beteiligte sich eine ganze Anzahl von Männern an der Sorge um die Erhaltung der Büchlein. Damit nicht etwa beide zugleich verlorengingen, wurden die beiden Teile in zwei verschiedene Baracken gegeben. Wochenlang steckte eins im Gerätekasten des Frisörs. Lange hatte der Intendant des Lagertheaters, Scheel, den ersten Band unter seinen Utensilien. Schließlich gingen dann beide doch verloren. Aber der Eigentümer hatte mittlerweile seinen „Faust" so im Kopf, daß die Vortragstätigkeit nicht litt. Man erzählte sich um die Zeit der Entlassung herum, daß er in den drei Jahren wohl 80- bis 90mal Goethes „Faust" dargeboten habe, immer auf zwei Abende verteilt, immer gegen das strenge Verbot, immer in der Gefahr der Denunziation.

„Faust" war tatsächlich die begehrteste geistige Kost im Lager. Hatte einmal in einem Bataillon eine Kompanie die Dichtung gehört, was, durch einen Zufall veranlaßt, mit viel List organisiert werden mußte, dann war es nicht aufzuhalten, daß die anderen Kompanien nachfolgten. So sprach es sich auch von Bataillon zu Bataillon herum. Schließlich wollten die Bäcker in ihrer Sonderbaracke, die Handwerker, das Lazarett für seine Pfleger und Pflegerinnen und für die beweglichen Kranken den „Faust" haben. Hier hat sogar der russische Chefarzt von der Sache gewußt und sie in seiner Urteilslosigkeit zugelassen. Es folgten noch der Lagerschutz und die Stabsbaracke, die Wäscherei und die Desinfektionsanstalt. Der Thüringer war zweimal wegen seiner Vortragstätigkeit im Bunker, das eine Mal im Dezember 1946, als die Außentemperatur −27 Grad betrug. Er verließ auch dieses Kellerloch nicht, ohne seine beiden Faustvorträge gehalten zu haben, in völliger Dunkelheit und im Umherwandern des Vortragenden und seiner Hörer in dem sitzlosen Raum. Der geistige Hunger war zuweilen schwerer zu ertragen als der leibliche, und der Wert einer Stunde, die in würdiger Weise der Verzweiflung abgerungen worden war, ließ sich überhaupt nicht abschätzen. Die Anforderung an die Mitglieder der Intelligenzschicht: „Erzähl uns was!" wurde meist mit einer gewissen Naivität gestellt, so als ob jene nicht auch Hunger hätten.

Bei besonderem Anlaß ist mir lange nach meiner Rückkehr klar geworden, wie das geistige Suchen im Lager trotz aller Abschnürung dem in der freien Heimat parallel gegangen ist. Es hat das gleiche Erlebnis des Zusammenbruchs die gleichen Gedankenreihen nahegelegt. Was ich meine, betrifft die Zeilen, die Heinz Flügel 1948 im „Hochland" geschrieben hat und die mir im Sommer 1950 zu Gesicht gekommen sind.[8] Er führt da aus, daß die Faustdichtung für uns nicht an Gewicht verloren habe, daß wir aber die Gewichte anders verteilt hätten. Das Wort Gretchens: „Heinrich, mir graut's vor Dir" sei uns das Wichtigere geworden, uns, denen „das Bündnis mit satanischen Mächten nicht nur ein dichterisches Gleichnis, sondern konkrete Erfahrung ist."

Genauso hat unser Vortragender gefühlt und den „Faust" interpretiert. Und es war nicht schwer, so zu interpretieren in einer Situation, in der uns

8 Heinz Flügel: Faust hinter dem Stacheldraht, in: *Hochland.* Monatsschrift für alle Gebiete des Wissens, der Literatur und Kunst, München, 40. Jg. 1947/48, S. 287–290.

der Menschheit ganzer Jammer anpackte und das Satanische in vernichtender Gewalt hatte. Vermochten wir uns in diesen Partien der Faustdichtung wiederzufinden, so wagten wir es auch, ihr in die anderen zu folgen, zu denen nur ein kühner Aufschwung der Seele trägt. Hatten wir uns von dem „mir graut's vor Dir“ niedergeschmettert gefunden, so fühlten wir uns erhoben durch das nachfolgende „den können wir erlösen“. Der Nachdruck dabei lag auf dem Wörtchen „wir“; denn an idealistische Selbsterlösung hätte in unserer Situation niemand denken können.

So war die Faustdichtung für uns aktuell geworden. Anfangs hatten sich zwei Thüringer zusammengefunden. Sie rezitierten große Partien und fügten kürzende Nacherzählungen der anderen Teile ein. So entstand nicht ein literarhistorischer Vortrag über den „Faust“, sondern eine lagermäßige Möglichkeit, ihn nachzuerleben, die Teile sowohl als das Ganze, den ersten und den zweiten Teil.

Der zweite Teil bot insbesondere Gelegenheit, das soziale Thema nachhaltig anzuschlagen, die Selbsterweiterung der Persönlichkeitsethik zur Sozialethik. Es gab wenig Gedanken, die der eingangs beschriebenen seelischen Haltung echter Bußbereitschaft besser entsprochen hätte als diese. So kann die Rolle, die der „Faust“ in Buchenwald gespielt hat, nicht hoch genug eingeschätzt werden. Die Gretchenszenen gestatteten, alle Register der Erinnerung zu ziehen. Der Fortgang der Dichtung ins Großartige riß alle Kräfte des Willens, alles programmatische Denken über künftige Lebensgestaltung, solange man solches noch wagte, kräftig mit sich empor. Die daseinsüberwindende Kraft echter Dichtung enthüllte sich in überwältigender Weise. Ich habe viele ergreifende Szenen miterlebt. Wo Frauen unter den Zuhörern waren, wie in Lazarett und Wäscherei, flossen die Tränen. Alte Mütterchen, die von der Existenz des „Faust“ bis dahin nichts gewußt hatten, waren völlig aufgelöst. Rauhe Burschen, die von dem ganzen gelehrten Kram, wie sie sagten, nichts wissen wollten, ihren Tisch auch in den Vortrag hinein behaupten, Karten spielen oder Essen nicht lassen wollten, fingen spätestens in der Selbstmordszene an, auf ihren Plätzen zu rutschen. Und dann war bald alle Opposition aufgegeben. Sie waren nur noch arme, elende Menschen, die auf etwas sehr Herrliches schauen durften. Manche hörten die Dichtung dreimal, manche sechsmal. Ein Antlitz vergesse ich nie aus der an originalen Bildern reichen Zuhörerschaft. Es war völlig durchglüht von innerem Feuer, wie völlig entrückt dem jammervollen Dasein. Es schien, als halte es mit sich selbst Gericht und erlebe dann die Gnade ganz. Es war ein hochgebildeter Mann, ein Oberkirchenrat der evangelischen Kirche aus Eisenach, den bald danach der Tod befreite. Ich erlebte spontane Dankesäußerungen an den Redner mit, meist aus dem Kreise der nicht der Bildungsschicht angehörenden Kameraden. Sie sammelten Brot für ihn. Einer schenkte eine Zwiebel, einer ein Mittel zur Läusebekämpfung. Frauen aus der Wäscherei brachten einmal ein Hemd: alles kostbare Güter in Buchenwald.

Der Vortragende hatte außer dem „Faust“ noch eine Anzahl anderer Themen. Die Situation in Buchenwald war nun einmal so, daß Schulmeistertum, auch wenn ihm letzte schöpferische Kraft abging, sehr viel zu geben vermochte. Vielleicht mehr zu geben vermochte als Professorentum, Künstlertum oder Seelsorge. Denn einmal mußte hier immer auf große Massen gewirkt werden, und zum anderen durfte man nie direkt von dem sprechen, was man eigentlich meinte. Wer sich aber hinter einer historischen Gestalt verbergen konnte, wer „Faust“ sagen konnte, wenn er Tröstung oder Widerstand meinte, wer solcher Gestalten einen guten Vorrat hatte, dem war eine Chance gegeben und an den war immerfort der Ruf der Verantwortung gerichtet. Denn nur starke Töne drangen durch das übergroße Maß der Not, nur die erhabensten Gestalten aus der Menschheitsgeschichte vermochten noch zu heilen.

Zu den Gestalten dieser Art gehörte, gerade als ich mich zu meiner dunkelsten Zeit im Iso befand, der herrliche Platon, gehörten Kant, Fichte und Hegel, von dem wir den Weg zu Marx wohl wagten, aber ohne den Meister umzustülpen. Da waren die Bilder von Luther, Zwingli und Calvin, dessen Prädestinationslehre viele gewaltig ergriff und manchem, der sich in der NS-Zeit vom kirchlichen und religiösen Leben ganz abgesondert hatte, das eigentliche Wesen des Religiösen überhaupt wieder begreiflich machte. An ausländischem Geistesgut vermochten wir uns Shakespeares große Menschheitsdramen, insbesondere Macbeth und Lear, zu rekapitulieren. Nicht wollte das gelingen bei den großen Gaben des französischen Geistes. Wir entdeckten überhaupt Gesetze des unabgelenkten Gedächtnisses und fingen einmal im kleinen Kreise an, die großen Werke nach ihrer Behaltbarkeit zu klassifizieren.

Große Breitenwirkungen hatten von den Vorträgen des Thüringers die drei: „Jena“, „Das Weimar Goethes“ und „Thüringen in der deutschen Staats- und Kulturgeschichte“.

Es ist begreiflich, daß in dieser Welt die Gefühlswirkung eines Vortrages, der nichts weiter darstellte als das organische Wachsen einer Stadt, groß war. Dahin ging ja die Sehnsucht aller, wieder Glied eines zweckvoll gefügten, sinnerfüllten Ganzen zu sein. Da wurde uns Jena mit Schillers Worten als ein Ort geschildert, an dem man eine „geistige und unabhängige Existenz“ haben könnte. „Geistig und unabhängig“ – so im KZ gesprochen! Wundert sich jemand, daß das bis in unsere Träume ging?

Der Vortrag über Thüringen war für die Landsberger berechnet. Er zeichnete zunächst die bis zum Spott gewordene thüringische Staatlichkeit, was die Preußen mit Schmunzeln genossen, und zeichnete dann die Bilder von Meister Eckehart, Luther und Bach.

Als wir in den letzten Monaten vor der Entlassung, nun schon ein wenig aufatmend, auf diese Zeit zurückschauten, schätzten wir die Vorträge dieses einen Mannes in den drei Jahren auf über tausend, gewiß ein achtenswerter Beitrag zur Überwindung der geistigen Not und zur Vorformung der künftigen Haltung.

Das Bedeutendste von allem, was in Buchenwald geboten worden ist, stammte nach meiner Meinung von einem Journalisten einer bedeutenden süddeutschen Zeitung. Auch sein Repertoire war groß. Er schilderte Rom und Prag aus eigener Anschauung. Er hatte tiefen Einblick in das Leben der Weimarer Republik gehabt. Sein Wesen war ganz von dieser Zeit geprägt. Vom Nationalsozialisten war nichts in ihm, wie übrigens in keinem der Vortragenden. Eine Künstlernatur, die zu sehen, zu urteilen und darzustellen wußte, bot er aus seiner geistigen Weite Anregungen ohnegleichen. In Erinnerung an Stunden solcher Art und solcher verklärender Kraft pflegte einer meiner liebsten Buchenwaldfreunde, der als praktischer Landwirt fest im Leben steht, noch heute zu sagen, daß er dem Geschick dankbar sei, daß es ihn durch diese Jahre geführt habe.

Den Mittelpunkt seiner Gedankenwelt enthüllte der oben genannte Zeitungsmann in seinen Vorträgen zur Geschichte Europas und war darin aktueller, als wir Eingeschlossenen ahnen konnten. Hier sprach sich das katholische und föderalistische Element unserer Kultur und unseres Denkens ebenso klar aus wie in den Vorträgen des Thüringers das preußische und das thüringisch-unitarische. Die Vorträge waren so besucht wie die von Reich. Aber da sie mehr vom Zukünftigen redeten, waren sie fruchtbarer und anpackender. Es gab Zettel, auf denen einzelne Sätze notiert waren. Zuweilen sah man Gruppen zusammenstehen, in denen ein glücklicher Hörer die Anregungen weiterzugeben suchte.

Es wäre noch mancher tapfere und feine Mann zu nennen, und indem ich dies niederschreibe, treten immer mehr Gestalten vor mein inneres Auge. Aber mein Raum reicht nicht aus, und ich bitte, nicht gekränkt zu sein, wenn ich jemand übergehe. Der Dank gebührt allen, auch wenn sie nichts taten, als aus gutem Gedächtnis die Romane von Scheffel, Freytag, Ganghofer, Rosegger, Kellermann und anderen nachzuerzählen.

Nennen will ich aber noch zwei schöpferische Geister, deren Namen mich zu einer anderen Seite des geistigen Lebens in Buchenwald führen: Erich Hoffmann, den Leiter des Sängerchores und Komponisten und seinen Textdichter, den Thüringer Herrmann. Auch Erich Hoffmann deckt heute der Rasen, denn die Schwindsucht steckte ihm in der Lunge, als er entlassen wurde, und raffte ihn sehr bald dahin. Es waren schlichte, herzenswarme Melodien, die er zu den Versen seines Freundes über das ländliche Leben fand, und zu den Liedern aus dem Osterspaziergang, die Scheel für seine Faustaufführung brauchte. Das Beste aber war seine Chorleitung. Er mußte sich ohne jedes Hilfsmittel, ohne eine einzige Note allein aus seinem und anderer Lehrergedächtnis und ergänzender Schöpferkraft Text, Melodie und Satz hervorholen. Da dies nur an echtem Gute möglich ist, haben wir nur köstliche Liedperlen zu hören bekommen. Besonders die bäuerlichen Kameraden schätzten diese Unterhaltung sehr; denn ein gequältes Herz ist sehr wählerisch, und die vom Russen beeinflußte „Kultura" Scheels hat wenig angesprochen.

Als Komponist origineller, den Möglichkeiten neutönerischer Gestaltung zugetan war Hoffmann, der die ganz vorzügliche, jedem großstädtischen Theater zur Ehre gereichende Begleitmusik zum „Faust" geschrieben, eine Oper komponiert und viel Instrumentalmusik geschaffen hatte. Seinem dringenden Wunsch, etwas von diesen Partituren nach Hause zu bringen, ist nicht entsprochen worden. Ich habe fast zwei Jahre lang ein eng zusammengefaltetes Blatt aufbewahrt und durch viele Filzungen hindurchgebracht. Als ich aber bei der Entlassungsfilzung, völlig nackt, nur mit der in allen Nähten aufgerissenen Mütze in der Hand, den letzten russischen Soldaten passieren mußte, da ist auch dieses Blatt zurückgeblieben. Ich konnte es noch in letzter Minute in das Getreidefeld vor der Baracke werfen. Dort liegt es zusammen mit dem winzigen Buchenblatt aus Messing, das mir einer unserer Schlosser aus Dank für seelsorgerische Hilfe geschenkt hatte, und der Holzbrosche, in die ich den Namen meiner Frau geschnitzt hatte, meinen letzten Wertsachen.

Damit ist es nun Zeit geworden, der von den Russen zugelassenen und unterstützten Einrichtung zu gedenken, die wir die „Kultura" nannten. Sie war ein Werk des Stabschefs Alex, von dem ich an früherer Stelle berichtete, daß er angeblich in einem deutschen KZ gewesen sei. Vielleicht brachte er von da den Gedanken mit, vielleicht legte ihn auch die Gelegenheit nahe, nämlich die mächtige Theaterhalle, die sich im Lager befand. Jedenfalls fing er schon in den ersten Monaten des Jahres 1946 an, aus Jugendlichen eine Art Kabarett zu bilden. Sie stellten Scharaden, bildeten kostümierte Tanzgruppen, brachten turnerische Vorführungen. Das Niveau war sehr niedrig, und es gab viel Ärger, wenn das ganze Bataillon zu dieser Unterhaltung kommandiert wurde. Hunderte von Entschuldigungen wurden vorgebracht, aber die befohlene Anzahl mußte zusammenkommen, und die Führer griffen hart durch. So brachte diese Unterhaltung nichts als Ärger, und das Wort „Kultura“, das bald dafür aufkam, umfaßte auch diese Seite mit.

Die Sache besserte sich erheblich, als Erich Hoffmann die Leitung erhielt. Ihm stand in seinen Sängern ein Darstellungskörper zur Verfügung, und er konnte, indem er alles auf das Lied abstellte, eine bestimmte Linie einhalten. Eine gute Kapelle von Streichinstrumenten stand ihm zur Seite. Thüringer Berufsmusiker hatten ihre eigenen Instrumente holen lassen dürfen.

Von den Sängern, die sich zum großen Teil aus den hochmusikalischen Wäldlern rekrutierten, besaßen viele natürliches Schauspieltalent. Sie kleideten ihre Liedfolgen in eine einfache Spielhandlung, eine Rheinreise oder ähnliches und stellten dies ungezwungen und lebhaft dar. Bühnenbildner, Theatermaler, Kostümnäher: alle benötigten Fachleute befanden sich ja unter den Tausenden. Bretter, Papptafeln, Farben: alles war in Lagern und Magazinen reichlich vorhanden, nota bene in jener Zeit noch. Hernach schleppten die Russen alles weg, verschoben es oder brauchten es für sich selbst.

Eine Sonntagmorgenstunde dieser Art konnte man sich schon gefallen lassen; obwohl uns allen die Bühnenwelt mit ihren Illusionen, mit hauchdünn hingetupften Birken und grünen, ruinenumsäumten Talkulissen, dieses ganze auf Erzwingung von Heiterkeit abgestellte Wesen nicht lag. Was wir uns geschaffen hatten, war die Welt unserer Vorträge, darin fühlten wir uns wohl, weil sie alles falschen Glanzes entbehrte. Wir saßen lieber in unserer gestreiften Häftlingskleidung, die uns entehren sollte. Wir trugen lieber die unglaublich geflickten Hosen, schützten uns lieber mit den phantastischen Kopfbedeckungen. Aus unverbundenen, der Luft zum Trocknen dargebotenen Furunkeln oder eiternden Wunden rannten die blanken Tropfen. Die Wächter saßen an den Türen oder auf erhöhten Fenstersitzen, um uns vor Überraschungen zu schützen. Aber alle Augen hingen am Redner, und jeder fühlte: tua res agitur![9]

Die Kultura gewann noch einmal eine andere Gestalt, als Scheel, der in Altendorf in Thüringen und am Nollendorftheater in Berlin Intendant gewesen war, die Leitung übernahm. Auf den thüringischen Lehrer folgte also eine erste Theaterfachkraft. Scheel wußte aus dem Kreise seiner Landsberger Kameraden Kräfte aller Art zu gewinnen: Schauspieler, Komiker, Tänzerinnen. Er wußte auch Laienkräfte sich heranzubilden,

9 Lat. für: Es geht um deine Sache!

wenn er sie brauchte, wie z. B. damals, als ihm die Gretchen-Darstellerin für den „Faust" fehlte. Die Gruppe lebte mit Ausnahme der weiblichen Mitglieder für sich in eigener Baracke und hat, sich mancher Begünstigung von den Russen erfreuend, leichtere Tage gesehen als wir.

Scheel hat aus der „Kultura" eine Art Kleinkunstbühne gemacht. In der Programmgestaltung hat er nicht freie Hand gehabt. Er mußte, auch wenn er in deutscher Sprache spielen ließ, im Grunde für die Russen spielen. Er konnte nichts anderes bringen als bunte Bildfolgen, die für sich selber sprachen und der Kraft des Wortes fast entbehrten. So war es denn ein Jammer, daß er die guten Kräfte und die schönen Ausstattungsmöglichkeiten und seine eigene reiche Begabung an so ganz und gar klägliche Inhalte wenden mußte. Das Interesse an der „Kultura", das sich unter Erich Hoffmann gehoben hatte, schwand wieder.

Eins aber danken wir Scheel sehr, die Faustaufführung im Sommer 1946. Ich habe schon erzählt, wie das eine im Lager geheim vorhandene Faustbändchen benutzt, wie in einem Augenblick der Abwesenheit des Lagerkommandanten, da nur ein Unteroffizier an oberster Stelle stand, diesem die Erlaubnis abgelistet wurde. Zuerst brachte Scheel nur eine Art Revue, die Szenen bis zum Osterspaziergang einschließlich. Den Faust spielte ein namhafter Berliner Schauspieler. Es war in einleitender Musik, in origineller Vertonung der Lieder, in Bühnenausstattung, Kostüm – und nicht zuletzt – Regie eine vorzügliche Leistung, ein Gemeinschaftswerk der Gefangenen. Es bot für Auge und Ohr in unserer grauen, schmucklosen Barackenwelt ein Labsal ohnegleichen. Die Faustvorträge, von denen die Rede war, hatten damals schon an mindestens 30 Stellen den Boden bereitet. Sie hatten überhaupt die Voraussetzung dafür geschaffen, daß die „Kultura" sich eine so ernste Aufgabe stellte und auf die Höhe des Vortragsniveaus kam. Ermutigt durch den Erfolg, machte sich Scheel dann, nachdem er eine Gretchen-Darstellerin herangebildet hatte, an den ganzen ersten Teil. Ich habe die Aufführung nicht gesehen. Sie ist nur ein paarmal über die Bretter gegangen. Die günstige Stunde war mit der Rückkehr des Kommandanten verschwunden. So offen durften wir unsere geistigen und künstlerischen Anliegen nicht darstellen.

Ein wieder völlig lagereigenes Gebilde waren die sonntäglichen Morgenfeiern und Gottesdienste. Das Bedürfnis, die Sonntage zur markieren, erwachte bald nach der Einstellung der Arbeit im Lager, die ja rücksichtslos über Sonn- und Feiertage hinweggegangen war. Für eine gewisse Markierung der hohen kirchlichen Feiertage – Weihnachten, Ostern, Pfingsten – sorgte die Lagerleitung, indem es schlechteres und weniger Essen gab, geringere Brotrationen und rauhere Behandlung. Da war es nun an uns, ein Gegengewicht zu schaffen.

Einige versuchten in der gewohnten sonntäglichen Stunde einen einfachen Appell an die gemeinsamen sittlichen Werte. Die Anregungen kamen wohl von den Kompanieführern. Sie versuchten, Ordnung und Frieden in den Stuben nicht durch Strafen, sondern auch auf positive Weise zu erhalten und zu fördern. Den Rednern standen als Mittel nur die kluge und treffende Formulierung, die Schönheit sprachlicher Formen und ihre eigene hinter dem Gesprochenen stehende menschliche Autorität zur Verfügung. Der schon genannte Dr. Albrecht verstand auf solche Weise wohltuende Wirkung zu erzielen. Er goß wirklich lindernde Tropfen Öles in das harte Tagesgetriebe. Er sprach von der Würde des Menschen, die eine untere Grenze für alles Verhalten in der Gemeinschaft darstelle, oder – sehr schön – von der Geduld, die er als eine aktive, sich mit Intelligenz und Charakterwerten verbündende Tugend pries. Es lag eine eigenartige Spannkraft in seiner Persönlichkeit, die ihm die Zuneigung vieler erwarb. Nachdem ihn die Russen wegen seiner Vortragstätigkeit lange in schwerer Bunkerhaft gehalten hatten, sammelte man im Kreis seiner Zuhörer Brot für ihn und erhielt, obwohl schon inmitten der verschärften Hungerzeit, so große Mengen, daß sie gar nicht frischgehalten werden konnten und man ein Wechselsystem anwenden mußte.

Einen ähnlichen Weg ging der Berliner Regierungsrat Grünberg, einer der feinsten Menschen und geschicktesten Bataillonsführer, die das Lager gekannt hatte. Doch nahmen seine Morgenansprachen ihre Kraft aus seinem katholischen Glauben.

Von protestantischen Pfarrern sind mir zwei begegnet. Von dem einen weiß ich, daß er regelmäßig Gottesdienste hielt. Außerdem gab es eine ganze Reihe von Nichttheologen, die protestantische Sonntagsfeiern hielten, z. B. Dr. Reich und der Thüringer, der den „Faust" vortrug. Diese Gottesdienste waren, insbesondere in der späteren Zeit, Angelegenheit der Kompanien, die den Fremdbesuch um der Tarnung willen ausschlossen. Trotzdem hatten sie Besucherzahlen von 100 und mehr, soviel eben der versteckteste Raum der Baracke fassen konnte. In Schule und Konfirmandenunterricht gelernte Lieder holte man hervor. Oft bildete sich eine Sängergruppe. Wenn die Baracke nicht allzu nahe am Torhaus oder der Baracke des Zonensergeanten lag, wagte man es wohl, die protestantischen Kernlieder zu singen. Als die Schwierigkeiten der Haft zunahmen, das Zusammenleben sich immer schwieriger gestaltete, wüste Schimpfereien und schließlich Schlägereien an der Tagesordnung waren, waren Veranstaltungen dieser Art fast das einzige Mittel einer Besserung von innen her.

Eine im engeren politische Gruppe hat sich meines Wissens nur einmal gebildet. Ihr Anreger und Mittelpunkt war ein SPD-Führer aus Thüringen, der als Antifaschist in der Zeit der amerikanischen Besatzung eine hohe Stellung im Ministerium von Dr. Brill[10] bekleidet hatte. Er war von den Russen gleich nach ihrem Eintreffen verhaftet worden, zusammen mit noch zwei anderen Antifaschisten, von denen einer sogar Kommunist war. Es war das Ereignis, das alle unsere Theorien über Sinn und Dauer unserer Internierung umwarf.

Diese Männer hatten lange Zeit nach ihrer Einlieferung noch geheime Verbindung nach Weimar, die über ein Kiestransportkommando und über außerhalb des Zaunes beschäftigte Handwerker unterhalten wurde. So empfingen wir einige Nachrichten aus der großen Politik. Es war die Zeit der Erklärung der deutschen Kollektivschuld, der Kontrollratsbestimmungen über die Entnazifizierung und des Nürnberger Prozesses. Wir waren mittlerweile der Welt schon so ferngerückt, daß uns diese Dinge wie seltsame, fremde Massen vorkamen. Auch waren unsere Nachrichten so lückenhaft, daß wir die Vorgänge nicht mehr begriffen und in diesen Dingen hinfort nicht mehr mitkonnten. Auch die Vorgänge in Thüringen unter der sowjetischen Regierung verschleierten sich uns völlig. Jahrelanger Nachrichtenentzug ist eines der niedrigsten Mittel politischen Kampfes. Es kommt der Verwendung der Lüge gleich. Es ist der Ausdruck äußerster Geringschätzung des politischen Gegners, ist ein Unternehmen der Massenverdummung und als solches eine Unmenschlichkeit. Wir sind hinter jedem Zipfelchen einer Zeitung, hinter jedem Gesprächsfetzen, selbst hinter Prawda und Iswestija mit Ausdauer und Leidenschaft hergewesen. Aber was wir an Nachrichten erhielten, war so bruchstückhaft, so voller Irrtümer, so völlig ins Sinnlose verzerrt, daß ein Denken damit unmöglich war. Ich erinnere mich noch, daß damals von einer großen außenpolitischen Zusammenkunft in Pirmasens erzählt wurde. Wir kamen allmählich dahinter, daß irgendeine Versammlung sich in Permanenz erklärt hatte. Die Rekonstruktion auch nur der Hauptlinien der außenpolitischen Lage war also völlig unmöglich geworden. Auch dies ist einer der Punkte, in denen sich unsere Situation von der durch Kautsky

10 Hermann L. Brill (1895–1959), Dr. jur., thüringischer SPD-Politiker, nach 1933 illegale Arbeit, mehrfach inhaftiert, bis 1945 im KZ Buchenwald. Nach der Befreiung durch amerikanische Truppen wurde Brill im Juni 45 zum (vorläufigen) ersten Regierungspräsidenten von Thüringen ernannt, amtierte aber nur bis zur Übergabe Thüringens an die sowjetische Militäradministration. Im Dezember 1945 ging Brill nach (West-)Berlin, ab Juli 1946 war er Staatssekretär im hessischen Staatsministerium, 1949–1953 Mitglied des Bundestags.

und Kogon geschilderten in den NS-Lagern völlig unterschied. Dort wußte man bekanntlich sehr genau, wie die Dinge standen und schöpfte Mut aus dem Näherrücken des Zusammenbruchs des Dritten Reiches. Wir hatten nichts, woraus wir hätten Hoffnung schöpfen können und gaben es schließlich auf, nach der Welt draußen zu fragen.

An das Eintreffen einer innenpolitischen Nachricht kann ich mich noch gut erinnern. Es war die über den Zusammenschluß von KPD und SPD zur SED, die die Sozialdemokraten im Lager stark beunruhigte.[11] Der oben genannte Antifaschist hatte sie irgendwie erhalten. Da er mit der Führerschaft der SPD seit vielen Jahren eng verbunden war, weigerte er sich beharrlich, der Mitteilung Glauben zu schenken. Eins seiner Argumente war dabei, daß der Name von Otto Grotewohl in der Meldung genannt worden sei. Grotewohl, den er persönlich kannte, werde dazu aber niemals seine Zustimmung erteilen oder dabei mitwirken. Als die Nachricht aber wieder und wieder kam und schließlich die Ostertage 1946 als Zeitpunkt des vollzogenen Zusammenschlusses genannt wurden, blieb ihm nichts übrig, als sie als Tatsache zu nehmen. Er bezeichnete den Zusammenschluß als Vernunftehe und verschloß die Wunde in seiner Brust. Er war es, der einen Kreis zu bewußter programmatischer Arbeit um sich sammelte. Er war damals Lagerschutzmann und stand seine drei Stunden an irgendeinem Zonentor, an dem Durchgang zur Küche oder zum Lazarett. Dorthin bestellte er sich seine Mitarbeiter. Da Unterhaltungen mit dem Lagerschutz verboten waren, standen wir Rücken an Rücken oder hinter das Schutzhäuschen geklemmt oder hockten in einiger Entfernung. Auch durfte immer nur einer der Genossen kommen, höchstens mal ein zweiter. Durch Passanten oder die auf- und abgehenden Stabsmelder ließ er den einen um 10 Uhr, den anderen um 11 Uhr bestellen, wie es eben so paßte. Kurt Reich war auch hier im Bündnis, Heinz Blaschke, ebenfalls ein Berliner Journalist, der in allen verlagstechnischen Fragen gewandt und von großer Welt- und Menschenkenntnis war, der Jurist, der über das englische Bildungswesen vortrug, und andere. Es kam eine respektable Summe politischer Erfahrung zusammen, und wir haben in der oben geschilderten Weise die wichtigsten Verfassungsprobleme besprochen. Wir trugen Sorge für das Festhalten der Ergebnisse, was natürlich nur gedächtnismäßig geschehen konnte, durch Zuteilung eines gewissen Fragenkreises an einen bestimmten Mitarbeiter. Wir hatten

11 Der Vereinigungsparteitag von SPD und KPD zur Sozialistischen Einheitspartei Deutschlands (SED) fand am 20./21. April 1946 in Berlin statt. Otto Grotewohl (SPD) und Wilhelm Pieck (KPD) wurden zu den ersten Vorsitzenden der SED gewählt.

durch den ehemaligen ersten Sachbearbeiter des Ministers Brill Kenntnis von dessen „Manifest der demokratischen Sozialisten des ehemaligen Konzentrationslagers Buchenwald“[12] erhalten. Wir glaubten, in dem Wort vom „demokratischen Sozialismus“ eine zusammenhaltende Formel für unseren Kreis für die Zeit nach der Entlassung gefunden zu haben, und es schwebte uns eine Programmgestaltung in diesem Sinne vor. Insbesondere die Fragen der künftigen Staatsgestaltung beschäftigten uns stark. Wie läßt es sich verhindern, daß eine Demokratie mit demokratischen Mitteln beseitigt wird? Wie entgeht man dem tötenden Formalismus und Schematismus? Wie füllt man den demokratischen Staat mit den gesunden Resten partikularer, berufsständischer und persönlicher Kräfte aus der Vergangenheit? Wie verleiht man ihr Form und Ansehen, insbesondere bei der Jugend? Wie erneuert man die Parteien? Wie kompensiert man ihr Übergewicht? Wie entgeht man dem fatalen Feilschen und Kuhhandeln?

Aber unsere Situation war doch derjenigen von Dr. Brill und seinen Genossen völlig entgegengesetzt. Jene verfaßten ihr Manifest, als sie der Freiheit entgegengingen. Wir formten unsere Gedanken aus den letzten Eindrücken, die wir noch in der Freiheit empfangen hatten. In dem sich verschärfenden Hunger ist unser politisches Denken untergegangen, und nur ganz wenige der Beteiligten haben die Haft überhaupt überlebt.

Ich habe schon angedeutet, daß diese ganze Tätigkeit ermöglicht wurde durch eine vorübergehende Lässigkeit der Russen, vielleicht einen Augenblick des Ausbleibens der Direktiven von oben. Es gab mehrmals Lagerbeobachtungen, die auf bevorstehende Entlassungen hinzudeuten schienen. Dann aber kam der große Kurswechsel, von dem im nächsten Kapitel die Rede sein soll.

Die Voraussetzung von unserer Seite aus war, daß wir trotz Gefängnisdurchgang, Zwischenunterkünften, Verlegungsmärschen und einer Haftdauer von fast einem Jahr noch gewisse körperliche Reserven hatten. Am Ende der in Frage stehenden Zeit, also etwa im September 1946, mag Buchenwald mit etwa 12 000 Mann belegt gewesen sein. Die Sterblichkeit betrug immerhin schon etwa 15 Tote täglich. In drei Jahren würde, bei

12 Erklärung der politischen Häftlinge im Konzentrationslager Buchenwald vom 13. April 1945 anläßlich ihrer Befreiung. Das „Buchenwalder Manifest“, dessen Hauptinitiator Hermann Brill war, skizziert die politischen Forderungen und Erwartungen der in Buchenwald internierten Sozialisten für einen Neuaufbau Deutschlands, der sich nach ihrem Verständnis nur in einer sozialistischen Umgestaltung vollziehen konnte, getragen von einer einheitlichen „sozialistischen Bewegung“, die die verhängnisvolle Spaltung der Arbeiterbewegung überwand.

ausbleibendem Neueingang, das Lager ausgestorben sein. Doch haben wir das damals noch nicht voll empfunden. Wir hatten noch Kräfte und nutzten sie zunächst einmal, uns überhaupt zu beschäftigen. Die Russen haben das nie verstanden. Kam je einmal das Bruchstück eines Gesprächs auf, so fragten sie wohl: „Warum ihr nicht schlafen?" Aber auch dem einfachsten unter uns war das nicht möglich. Indem wir uns aber beschäftigten, spürten wir, Vortragende sowohl wie Hörer, daß wir dadurch frischer wurden, den Lagerschwierigkeiten gegenüber kräftiger und daß wir uns für künftige Aufgaben erhielten. Schließlich erzeugten wir das Bewußtsein unserer Andersartigkeit und panzerten jeden gegen das Eindringen bolschewistischen Gedankengutes. Aus den Kriegsgefangenenlagern sind zum allgemeinen Erstaunen überzeugte Bolschewisten heimgekehrt. Aus Buchenwald sind nur erklärte Gegner des Bolschewismus wiedergekehrt. Ein wenig hat dazu auch die Rekapitulation des deutschen Idealismus und die Manifestation christlich-europäischer Kultur beigetragen, die in unserem Vortragssystem lag.

Vernichtungslager

Im Spätsommer 1946 scheint ein Kurswechsel in der Behandlung der Internierten stattgefunden zu haben. Jedenfalls kam damals die als Kapitelüberschrift gewählte Bezeichnung auf. Das war der Ausdruck dafür, daß sich eine veränderte Einschätzung unserer Lage, zwar noch nicht allgemein, aber doch bei vielen, gebildet hatte. Auch ich hatte von da an gewissermaßen zwei Auffassungen der Situation. Die eine – optimistische – galt für den Verkehr mit der Umwelt; denn Pessimismus ertrugen die Kameraden nicht. Er war als Haltung in einem Zusammenleben, in dem alles von einer stets wachen Selbstbeherrschung abhing, einfach unpraktisch. Die zweite – pessimistische – Auffassung rechnete von da an auch mit der letzten Möglichkeit. Sie diente der Auseinandersetzung mit sich selbst.

Es lag natürlich nicht in unseren Möglichkeiten festzustellen, ob um jene Zeit verschärfende Anordnungen ergangen sind, oder ob von Anfang an bestehende eindeutige Befehle nach Durchordnung der äußeren Verhältnisse nun erst zur Ausführung kamen. Manches sprach für diese Auffassung. So waren z. B. Vorträge immer verboten gewesen, aber monatelang geduldet worden. Auch kamen die Verschärfungen nicht mit einem Schlage. Sie glichen vielmehr dem langsamen Andrehen einer Schraube. Aber es gab auch zum mindesten eine Tatsache, die für die erstgenannte Auffassung sprach. Das war die Kürzung der Lebensmittelrationen am 7. November 1946. Sie erfolgte, wie wir später feststellten, als Häftlinge aus den Lagern Mühlberg, Torgau und Lieberose in Buchenwald zusammengekommen waren, in allen diesen Lagern am gleichen Tage und in der gleichen Weise.

So erscheint denn nicht nur unser Erleben, dem nach Schwinden der Reserven plötzlich alles schwerer vorgekommen wäre, sondern die Lagerleitung selbst aus inneren Gründen ihres Systems diese Gliederung unserer Haft vorgenommen zu haben. Um diese Zeit hörten auch die Neuzugänge auf. Die Verhaftungen waren also eingestellt worden. Wen man aber einmal in Händen hatte, der sollte von seinen Erlebnissen nichts erzählen können.

Die wichtigsten Maßnahmen des neuen Kurses sind folgende gewesen:

1. Die Unterdrückung des gesamten Vortragswesens und Auflösung der „Kultura";
2. Die Verkürzung der Rationen;
3. Die Vergitterung der Baracken und die Verzäunung des Lagerinneren;
4. Die Beunruhigung des Lebens durch Umlegungen, Untersuchungen, Fahndungen, Verschickungen nach Rußland und die Verschärfung der Lagerordnung.

Die Unterdrückung des Vortragswesens

Etwa vom Juli 1946 an wurden dem Vortragswesen Schwierigkeiten gemacht. Die Russen sprachen Verbote aus, die Lagerleitung – es war wohl Portefey Stabsleiter – warnte vorsichtig. Darauf hörten die Bataillons- und Kompanieführer, die nach dem Prinzip der Führerbestrafung am meisten gefährdet waren, auf, die Sache zu unterstützen. Darauf stellten die Ängstlichen unter den Rednern ihre Tätigkeit ganz ein. Ich machte mich damals im Auftrage meiner Kompanie an einen Kameraden heran, der über die Zähmung wilder Tiere sehr interessant vorgetragen hatte. Entrüstet wies er mich ab. Er denke nicht daran, unter den neuen Umständen sich einer Versetzung ins Iso auszusetzen. Der erste Redner, der bestraft wurde, war der schon genannte Dr. Albrecht. Da wir alle fühlten, welches Repertoire an Kräften uns mit den Vorträgen verlorengehen würde, fingen wir an, getarnt weiterzuarbeiten. Ein aufschlußreiches Beispiel ist mir im Gedächtnis geblieben: Die Feier von Goethes Geburtstag am 28. August 1946. Da war von irgend jemand mit der großen Wichtigkeit, die wir Beschäftigungslosen solchen Ideen zuwandten, aufgebracht worden, daß es unsere Pflicht sei, dieses Tages zu gedenken. Vielleicht ist es Heinz Blaschke gewesen, der den Plan aufgebracht hat. Als Redner wählte man den thüringischen Studienrat, der den „Faust" auf Lager hatte. Der schon genannte Dr. Kurt Reich und ein Berliner Verleger waren noch beteiligt. Blaschke besorgte die Sicherung. Er hatte den Führer eines Handwerkerbataillons beredet, seinen Bunker, diese durch ein paar Wolldecken abgegrenzte Ecke im großen Barackenraum, zur Verfügung zu stellen. Infolgedessen konnten nur etwa zehn Leute teilnehmen. Der Eindruck war sehr groß. Wie aus einem Gottesdienst gingen wir hinaus. Die Sache blieb aber nicht geheim. Schon am nächsten Tage drängten andere zehn oder zwölf den Thüringer. Diesmal stand kein Bataillonsbunker zur Verfügung. So gingen sie im hellen Sonnenschein, als alle Wege voll promenierender Männer waren, an die Rückwand einer der großen Steinbaracken der untersten Reihe, dort, wo der Blick frei bis zum Harz schweifen konnte. Sie stellten sich in kleinen Gruppen auf, die anscheinend nichts miteinander zu tun hatten, aber doch in der Reichweite einer leisen Stimme blieben. Die Gruppen bildeten sich unversehends einmal um. Ein Unbeteiligter lief ohne Verständnis der Situation hindurch. Wie von geheimen Fäden gezogen fanden sich ein paar Neue, Wissende hinzu. So ging auch hier die Gedenkstunde zu Ende. Nun wurde ein Kompanieführrer kühn. Er ließ am dritten Tage den Vortrag vor vollem Hause geschehen. Es ist das gewiß eine der eigenartigsten Goethefeiern gewesen, die je stattgefunden haben und vielleicht die letzte große Veranstaltung in Buchenwald. Denn schon am 9. September erfolgte der schon erwähnte große Schlag gegen die Vortragenden. Er ließ ihrer etwa ein Dutzend in den beiden Baracken des Iso verschwinden. Eine Denunziation im 10. Bataillon war die Ursache gewesen.

Es ist in den folgenden Jahren in dunklen Pritschenecken und anderen versteckten Stellen in kleinen Kreisen noch viel vorgetragen worden. Es haben vereinzelt auch die Baracke füllende Vorträge, Gottesdienste und Feiern stattgefunden. Aber die großartige Form des ersten Halbjahres 1946 ist nie wieder erreicht worden.

Die Kürzung der Rationen

Am 7. November 1946, also so kurz nach jener Rednerbestrafung, daß man einen Zusammenhang annehmen möchte, wurden unsere so knappen Rationen um fast die Hälfte gekürzt. Die vielgescholtene Graupe verabschiedete sich und der Kartoffelrieb hielt seinen Einzug, eine wahrhaft teuflische Erfindung, die Nahrung vortäuschte, wo keine war. Es gab ein Kommando, das abends um die Appellzeit die Nährmittel aus dem Magazin in die Küche fuhr. Die Mitteilungen dieses Kommandos waren wichtige Prognosen und eilten wie ein Lauffeuer durchs Lager. Geschwankt haben die Zuteilungen immer. Aber waren früher an einem guten Tag 60 Zentner herausgegeben worden, so waren es jetzt manchmal nur 15. Und bei der Mitteilung von Zahlen wie 20 Zentner oder 22 Zentner durften wir uns beglückwünschen.

Und Fleisch? Und Fett? Es schwirrten oft Zahlen durch das Lager, wieviel Gramm die Ration an Fleisch und Fett betrage. Aber es hatte niemand einen Anhaltspunkt, um sagen zu können, wieviel tatsächlich in die Kessel hineingekommen war und welche Qualität dieses gehabt hatte. Ein Fall ist mir genau bekannt, in dem die Lazarettküche tuberkulöse Teile von Rindfleisch zurückgewiesen hat.

Die Brotration fiel von 600 auf 300 Gramm. Dieses sehr wasserhaltige, aber gut gebackene Brot war von nun an unser Hauptnahrungsmittel. Wehe, wenn es einmal Schäden von geringwertigem Mehl oder ungünstiger Mehlmischung hatte oder wenn Reste von Röstbrot aus Militärbeständen aufgebraucht werden mußten und wir dann nur 180 Gramm erhielten!

Die Küche tat, was sie konnte. Sie war sauber wie die einer deutschen Hausfrau, und Berufsköche und Hotelküchenleiter im Küchenpersonal sorgten dafür, daß alles so schmackhaft wie nur irgend möglich bereitet wurde. Aber was will man schon aus fünf Eßlöffeln Grütze, einer Kartoffel, ein paar Runkelrübenblättern oder sonstigem Grünzeug, drei bis vier Gramm Fett, sieben Gramm Fleisch pro Kopf für zwei warme Mahlzeiten machen?

Die Russen ließen gelegentlich mitteilen, daß sie uns dieselben Sätze wie der Zivilbevölkerung gäben. Nun hat gewiß im Jahre 1946 auch die deutsche Zivilbevölkerung in den Großstädten sehr schlecht gelebt, und es hat auch dort Hunger und Hungerkrankheiten gegeben. Aber die Verhältnisse in einem Konzentrationslager sind aus materiellen und seelischen Gründen immer besonders ungünstig. Die Einzelküche ist bei knappen Rationen immer der Massenküche überlegen. Man kommt daher mit keiner Berechnung der Kalorien besser zu der wirklichen Erfassung der Verhältnisse. Man muß die Folgen betrachten. Wir waren uns jedenfalls schon nach kurzer Zeit darüber klar, daß die Endphase des Hungerns mit ihren Begleiterscheinungen, dem geistigen und moralischen Verfall begonnen hatte.

Da die Russen es liebten, ständig Umgruppierungen vorzunehmen, verloren sich oft die Gefährten langer Haftmonate plötzlich aus den Augen, um sich ebenso plötzlich nach einem Viertel- oder Halbjahr wiederzusehen. Das waren gefährliche Monate. Man erschrak und merkte, daß auch der andere erschrocken war. „Freund, wie bist du heruntergekommen!", dachte man und wußte, daß der andere dasselbe festgestellt hatte. Oft war es facies hippocratica[1], die einen angrinste, und es bestand vollkommen Übereinstimmung in den kleinen Gruppen, die sich gebildet hatten, wer der nächste sei, der „waagerecht durch das Tor entlassen werde".

Solche Augenblicke klarer Einsicht in den Zerreibungsprozeß, der an uns arbeitete, gab auch das etwa 14tägig gewährte Bad. Da standen 150 bis 180 nackte Männer unter dem heißen Strahl und nahmen auch wohl einmal die Wärme und die Sauberkeit mit einem lauten Juchzen hin. Aber wie sahen sie aus? Eine schuppige trockene Haut spannte sich über die Knochen. Die ehemals Beleibten hatten ein Netzwerk von Falten um sich hängen. Da gab es Hodenbrüche von unglaublicher Größe, geschwollene Füße und Beine, Wasseransammlung im Leib, in der Brust, im Gesicht, Furunkel. So wurde von Monat zu Monat das Fortschreiten des Verfalls sichtbar. 150 Männer, von denen keiner mehr ein Gesäß hatte! Waren wir anfangs sehr erstaunt gewesen, daß russische Ärzte bei Reihenuntersuchungen uns nur von hinten betrachtet hatten, so begriffen wir dies bald. Und plötzlich war ein Sitzkissen für jeden das notwendigste Einrichtungsstück geworden. Aus einer zerzupften Weste oder durchlöcherten Ärmeln, die man zerfasert hatte, stellte man die Füllung her. Ein Stück Bettleinwand oder der Rückenteil einer Zebrajacke gab die Hülle. Diese Kissen führte man den ganzen Tag mit sich und schob sie sich mit großer Geschicklichkeit beim Platznehmen auf Stühlen und Bänken unter.

Die erwähnten Reihenuntersuchungen dienten übrigens nur der Statistik. Es wurde nämlich festgestellt, wieviel Prozent der Belegschaft einer Baracke von Pellagra I zu Pellagra II fortgeschritten war. Diese Statistiken wurden natürlich von oben gesteuert. Es kam vor, daß vielen ohne Besich-

1 lat. für vom Tode gezeichnetes Gesicht (Maske)

tigung mitgeteilt wurde, sie seien nur noch Pellagra I oder auch dies nicht mehr.

Die Zahl der Krankmeldungen schwoll nach dem 7. November mit einem Ruck an. Das Lazarett konnte längst nicht mehr alle aufnehmen. Es war die Zeit, in der mancher Bataillonsführer eine Vormusterung der Kranken vornahm, um keinen Zugang zu haben. Der Bataillonsarzt bekam dann den Kranken gar nicht zu Gesicht. So ergaben sich die vielen Todesfälle „auf dem Transport ins Lazarett", denn in den Baracken durfte laut russischer Anordnung niemand sterben.

Wie rapide wir verfielen, zeigte sich schon nach zwei Monaten, nämlich am Weihnachtstage 1946, als die Russen eine große Umlegung und anschließend eine Musterung nach Arbeitsfähigkeit in Rußland vornahmen. Von den 12 000 konnte man nur etwa 1100 auswählen. Das hatte zur Folge, daß jene einen Monat lang mit erheblichen Zusatzmengen gefüttert wurden und wir anderen wieder auf 500 Gramm Brot als Tagessatz gesetzt wurden. Einigen brachte auch dies noch den Tod, denn ihre geschwächten Körper ertrugen den Stoß der Aufbesserung nicht mehr. Der Transport verließ im Februar 1947 Buchenwald. Viele hatten sich freiwillig gemeldet oder bei der deutschen Lagerleitung durch Ausnützung ihrer Beziehungen die Einreihung erreicht. Sie erklärten, es sei ihnen gleich, was mit ihnen geschähe. Sie könnten aber den Hunger nicht mehr ertragen. Ich habe nach meiner Rückkehr einige dieser Rußlandfahrer wiedergetroffen. Es hat ihr Weg bis zum Kaukasus geführt, durch Arbeitslager aller Art und vor russische Gerichte. Hat mancher auch von ihnen in der Ferne den Tod gefunden, so ist die Sterblichkeit doch geringer gewesen als im Lager.

Das deutlichste Zeichen des Hungers war aber die Erhöhung der Sterblichkeit. Von Ende Dezember 1945 bis Ende Mai 1946 starben ziemlich genau 1000 Mann, was einer Sterblichkeit von 20 Mann pro Tag entspricht. Diese Zahl erhöhte sich auf mindestens das Doppelte. Wir hatten auch hierfür keinen sicheren Anhalt. Die Todesfälle ereigneten sich, wie bemerkt wurde, fast ausschließlich im Lazarett. Sie konnten auch nur dort gezählt und von Mitgefangenen beobachtet werden. Ich weiß genau, daß bis in den Sommer 1946 im Lazarett eine Liste der Verstorbenen geführt worden ist. Sie wurde um die Zeit des hier beschriebenen Kurswechsels von den Russen eingefordert und von deutschen Händen, also innerhalb des Lagers, nicht weitergeführt. Das Beobachten des Sterbens war nur den Insassen des gleichen Zimmers möglich. Da in der Nacht Pflegepersonal nicht in den Krankenzimmern sein durfte, blieben die Verstorbenen bis zum Morgen in ihren Betten liegen. Sie wurden dann hinausgetragen. Einmal waren es zwei, einmal fünf, wer wollte feststellen, wieviel insgesamt in einer Nacht im Lazarett verstarben? Die Bataillone waren völlig voneinander getrennt. Wer hätte zusammenstellen können, um wieviel sich ihre Sollstärke in einer Nacht oder einer Woche verringerte? Es blieben uns also nur indirekte Feststellungen. So fuhr z. B. viele Monate hindurch der Wagen des Beerdigungskommandos um die Appellzeit durchs Lager, so daß der getürmte Berg der unbedeckten Leiber von vielen gesehen wurde. Aber waren es 20 oder waren es 40, die geladen waren? Waren das die Toten von zwei oder von vier Tagen? Freilich ging ein Raunen und Flüstern ständig durchs Lager. Es hatte seine Umschlagstellen in den Arbeitskommandos, beim Essenholen, beim Baden und ganz besonders in den Ambulanzräumen des Lazaretts. So erfuhren die Freunde, die Dorf- und Stadtgenossen, die Berufskreise doch den Tod ihrer Angehörigen. Anfangs fühlten wir uns verpflichtet, den Tag und besondere Umstände um der Benachrichtigung der Familien willen festzuhalten. Die Daten wurden auswendig gelernt und in einzelnen Fällen sogar aufgeschrieben. So gab es Totenlisten mancher Dörfer und Städte, die auf dem Laufenden gehalten wurden. Die Aufzeichnungen sind ohne Ausnahme den Filzungen zum Opfer gefallen. Alle Mitteilungen nach der Entlassung konnten nur aus dem Gedächtnis gemacht werden. Aus diesen Mitteilungen nun ergab sich ein Einblick in die Gesamtsterblichkeit. Wir verglichen einfach die Anzahl eines bestimmten Kreises bei der Einlieferung mit der Anzahl der Toten dieses Kreises. Da lebten einmal von 18 noch 12, einmal von 20 noch 14. Besonders hohe Verluste hatte die Landsberger Gruppe aufzuweisen. Da waren von 30 gleichzeitig Verhafteten noch 12 am Leben und ähnliche Verhältnisse mehr. Diese Art des Überschlagens, fortgesetzt bis zum Beginn der Entlassung im Jahr 1948, ergab, daß nur ein Drittel der Verhafteten von 1945 heimgekehrt ist.[2]

Mit dem Hunger und der Beobachtung dieses unaufhaltsamen im Verborgenen vor sich gehenden Sterbens ging die unerschütterliche Veränderung des Wesens bei allen und der geistige und moralische Verfall bei vielen Hand in Hand. Wenn sich eine solche Situation über Jahre erstreckt, dann werten sich alle Werte um. Ein Krümel Brot erscheint dann wie ein Berg von Nahrung, ein Läppchen oder ein Nähfaden werden einem ganzen Anzug gleich. Ob man das dritte oder vierte Bett einer Reihe, das untere oder das obere, den Platz an der Tür oder am Fenster bekommt,

2 Nach den Angaben des sowjetischen Innenministeriums vom Juli 1990 starben in allen Speziallagern in der Zeit von 1945–1950, hauptsächlich aber bis 1947, insgesamt 42 889 der 122 671 Gefangenen.

gestaltet sich zu einer Lebensfrage. Die Auseinandersetzungen um solche Dinge nehmen eine ganz unnatürliche Schärfe an.

Vielleicht ist es doch gut, einige solcher Szenen zu schildern, so sehr sich auch alles in mir dagegen sträubt. Aber wie will ich anders die Abscheulichkeit des Verbrechens gegen das Menschliche im Menschen, diese Herabwürdigung unter das Tier begreiflich machen? Es hat mich schon immer in Buchenwald der Widerspruch zwischen Theorie und Praxis derjenigen empört, die von einem neuen Humanismus reden, die Milieutheorie als der Weisheit letzten Schluß darstellen, um dann ein Milieu zu schaffen, und mit theoretischer Begründung, praktischer Erfahrung und einem großen personellen Apparat jahrelang durchzuhalten, das nur herabziehen kann.

Tägliche Brotteilungsszene! Da standen in einem weiten Raum der Baracke fünf oder sechs Gruppen von etwa 20 Mann um ihren Brotteiler herum. Keiner sprach ein Wort, aber es sprachen die Augen, das bleiche, tief gefurchte Antlitz sprach, es sprachen die zuckenden Hände. Die Brote waren, da sie in Blechformen gebacken wurden, von großer Regelmäßigkeit und zeigten kaum je einmal einen Fehler. Doch schienen die geringen Unterschiede uns riesengroß, so daß sorgfältiger Wechsel des Rechtes der ersten Wahl unter den Brotgemeinschaften eingerichtet wurde. So erlas also ein besonders Beauftragter aus den 30 Broten einer Kompanie sehr umständlich die vier oder fünf Brote seiner Gruppe. An dem Vierpfundbrot waren nun nach Augenmaß Schnitte anzubringen. Dies war eben das Schauspiel, das so sehr interessierte. Schließlich standen also die 20 Portionen auf dem Tisch, so wie es für das Licht am günstigsten war. Auch darüber war Beschluß gefaßt worden. Und nun wurde wieder in genau geregelter und wechselnder Reihenfolge gewählt. Man wurde an kirchliche Zeremonien erinnert, wenn man die Wähler bald aus der Nähe, bald aus etwas größerer Ferne die Stücke betrachten sah, wenn man sie um den Tisch herumschreiten, wenn man ihre Hand, zögernd vor der letzten Entscheidung, über zweien der Stücke hin und her pendeln sah, wenn man einen guten Freund leise seinen guten Rat geben hörte. Ob er gut oder schlecht gewählt hatte, war für manchen entscheidend für die Stimmung des ganzen Tages. Das Unheimlichste fast war, daß sich die in diesem Verhalten liegende Gebundenheit unaufhaltsam verstärkte. Zwei Jahre lang hatten wir die Brote nach dem Augenmaß geteilt, da fingen plötzlich ängstliche Gemüter an, nach dem Wiegen zu verlangen, weil das genauer sei. Mit viel Sorgfalt und Geduld und viel Selbstgefährdung, weil man dabei „scharfe und spitze Gegenstände" benötigte, wurden Waagen gebaut. Aus den Werkstätten organisierte man sich Gewichte, nach denen aus in Beutelchen eingenähten Steinen die Gebrauchsgewichte hergestellt wurden. Hatte von den etwa 15 Brotgemeinschaften einer Baracke eine mit dem Wiegen begonnen, dann war es, als sei ein Bazillus eingedrungen, gegen den es keinen Widerstand gab. Jetzt mußten alle Gruppen Waagen haben, und für einen Augenblick zog dann Friede in die geängstigten Seelen ein. Es gab Leute, die eine Theorie solchen Verhaltens bildeten. Sie besagte, sie müßten diese kleinen Dinge so sehr ernst nehmen, weil sie größeren Einfluß auf die Gestaltung ihres Schicksals nicht nehmen könnten, aber zur Selbsterhaltung ihren Angehörigen gegenüber verpflichtet seien. Sie genügten also einer sittlichen Pflicht, wenn sie dafür Sorge trügen, daß ihr Körper alles bis aufs Gramm erhalte, was ihm unter den Bedingungen des Lagers zustehe. Der Ernst des Gesichtsausdruckes bei einer solchen Rede stand in erschütterndem Gegensatz zu dem Unsinn solcher Sätze. Die Minimalmengen, um die es sich bei den täglichen Schwankungen handelte, waren bei der Größe des absoluten Mangels ohne jeden Einfluß.

Was hier vom Brotteilen geschildert ist, wiederholte sich bei der Ausgabe der warmen Mahlzeiten. Bei welchem Tisch mit dem vollen Kübel angefangen werde, wie oft man umrühren dürfe und müsse, ob von oben, aus der Mitte oder unten aus dem Kübel genommen werde, war Gegenstand von Diskussionen und Abstimmungen. Die Personen der Essenausteiler waren sehr umstritten, und es gehörte zu den größten Ruhmestiteln, die das Lager zu verteilen hatte, daß einer ein guter Essenausgeber sei.

Auch hier hatte sich um das Essen eine Summe feierlicher Handlungen gewoben. Ich will auch hier einmal das Bild für diejenigen aufleuchten lassen, die die Lagerform jahrelangen Hungerns nicht kennengelernt haben.

Das erste Zeichen der nahenden Essenszeit war, daß der Innenposten vom hohen Fenstersitz den Ruf erschallen ließ: „Essenholer machen sich fertig!“ Das war eine Stunde vor der Mahlzeit. Eine leichte Bewegung kam in die untätig stehenden, sitzenden, liegenden, wandelnden Gruppen. Gespräche wurden beendet, die Waschräume aufgesucht, Stühle und Bänke zurechtgestellt. Alles geschah im „Buchenwaldtempo“, dieser unnatürlichen, schwerfälligen, fast maschinellen Bewegung. Indessen erscholl der nächste Ruf: „Essenholer marschieren ab!“ Die Bewegung griff nun auf bestimmte Beauftragte über. Sie öffneten die Geschirrschränke, stellten die Schüsseln und Kellen bereit, wischten die Tische ab. In der Baracke 30 schritt um diese Zeit ein Mann besonderen Vertrauens, dem man die Verwaltung der Brotvorräte übertragen hatte, durch den Raum mit dem Ruf: „Der Brotschrank wird geöffnet!“ Alle diejenigen, die ihr Brot nicht gleich beim Empfang bis zur letzten Krume verzehrten, erhielten ihre Beutel; denn es war in manchen Bataillonen der Verführung zum Diebstahl wegen streng verboten, daß jemand Brot bei sich führe.

Jetzt erscholl der letzte, mit Erregung hervorgestoßene Ruf: „Essen ist da, alles auf die Plätze!“ Das wirkte wie das Herabschießen eines Habichts in den Hühnerhof. Die träge Lagerbewegung war für einen Augenblick verschwunden. Jetzt quoll es durch die Außentür herein und staute sich an der Innentür und vor dem Schüssel- und Löffelschrank. Schreie, Streitworte, Kommandorufe wurden vernommen. Über den Köpfen balancierte man Schemel und schob Bänke heran.

In zwei Minuten sitzt jeder an seinem Platz, und es folgt der großen Unruhe tiefe Stille. Die Kübel werden hereingebracht. Die der Tür zunächst Sitzenden werfen einen raschen Blick hinein und geben das Urteil flüsternd durch: „Dünn, Wasser!“ Das Austeilen beginnt. In manchen Bataillonen hat jeder seine Nummer, und eine Kreidenotiz an schwarzer Tafel zeigt an, bei welcher Nummer heute begonnen wird. Die Ausgabe geht unvorstellbar schnell vor sich. In einem Augenblick haben die 100 bis 120 Männer ihren Napf gefüllt. Nun herrscht tiefe Stille. Tierische Stille! Wer in Erinnerung bürgerlicher Gewohnheiten sich bei Tische zu unterhalten versuchte, erregte Anstoß.

Zweier Nachspiele muß ich noch gedenken. Die etwa 120 Essen für eine Kompanie wurden in drei oder fünf Metall- oder Holzkübeln gebracht. Es war nicht zu vermeiden, daß an den Wänden dieser Kübel Speisereste hängen blieben, besonders im Jahr der Graupe. Wie diese Menge von etwa einem Liter pro Kübel auf die 120 Kompaniemitglieder verteilt werden könnte, war eine der meisterörterten Fragen. Es gab zahlreiche Systeme und einen ständigen Wechsel derselben. Kübellecken oder Kübelkratzen nannten wir diese Erscheinung. Hemdärmelig stand der Glückliche im Waschraum. Mit einem Gummistück kratzte er sorgfältig Wand und Boden frei und ließ mit Hilfe eines zweiten den Gewinn in seine Eßschüssel fließen. Es war eine durch die Einwirkung der Metallwände unansehnlich gewordene Brühe, in der der vordem gallertartige Kartoffelrieb wieder dünnflüssig geworden war. Aber sie war sehr begehrt. Auch hier gab es eine genaue Reihenfolge, sehnliches Erwarten und Vorherberechnen, Verschenken, Vertauschen und Verkaufen.

Die zweite dieser jammervollen Erscheinungen war die Unsumme von Manipulationen, die mit dem warmen Essen, dem Brot, dem Hering oder was es sonst gab, angestellt wurden.

Es gab Leute, die hielten einen Topf mit Wasser bereit, um es gleich nach Empfang in das ach so wasserreiche Essen zu schütten. Sie fühlten sich bei vollerem Magen wohler, erklärten sie. Andere wieder fischten aus der Schüssel die wenigen festen Bestandteile heraus und bewahrten sie in einem Becher bis zum Abend, um sie als Brotaufstrich zu verwenden. Es standen dann in den Schränken Dutzende solcher Becher, und die Russen machten sich bei Kontrollen den Spaß, sie alle wegschütten zu lassen. Es gab Brotfreunde, die die Hälfte ihrer Suppen gegen Brot tauschten, und es gab Suppenfreunde, die das Umgekehrte taten. Einen kannte ich, der gab sein warmes Essen monatelang gegen Brot weg und kochte mit Hilfe von Kaffee und Zucker eine Brotsuppe. Bei den kurzen Brennstunden des Ofens in der Baracke war das natürlich eine mißliche Sache, war verboten und führte eine nicht abreißende Kette von Schwierigkeiten herauf. Aber wir hatten ja jahrelang nichts zu tun! Auch das liebe Brot, dieses kleine Häufchen von 500 Gramm, mußte viel über sich ergehen lassen. Als ich in das Iso kam, saß mir einer gegenüber, der schnitt seine Portion in mindestens 50 kleine Stücke. Andere wieder verzichteten auf die Benutzung der spärlich vorhandenen und nur für kurze Zeit belassenen Messer ganz, indem sie zur Sitte der Urväter zurückkehrten, das Brot mit der Hand in mundgerechte Stücke zu zerbrechen. Eine sehr beliebte Spielerei war das Brotrösten. Auch dies war verboten und verriet sich so leicht durch den Duft, den es in der ganzen Baracke verbreitete. Alle diese Manipulationen änderten an der Tatsache unseres Hungerns nichts. Sie waren meist schädlich, wie das Aufhäufen von fünf oder sechs Brotrationen, um sie am Geburtstag der Frau oder des Sohnes auf einen Schlag zu verzehren. Das führte meist zu schwerer Diarrhoe und hat manchen an den Rand des Grabes gebracht. Die Kontrollen und Verbote rissen nicht ab, und doch konnten weder die Verbote der Russen noch die Strafen der deutschen Bataillonsführer diese Dinge verdrängen. Wir waren eben arme, hungernde, beschäftigungslose Menschen.

Da es für neun Zehntel der Insassen unmöglich war, die Menge der Nahrungsmittel auch nur um eine Kleinigkeit zu erhöhen, so glitt die Aufmerksamkeit immer wieder dahin aus, eine bessere Form derselben zu finden. Das gehörte auch zu den Erscheinungen, gegen die Dr. Albrecht sich so wuchtig gewandt hatte, als er in seiner Sonntagsfeier von der Würde des Menschen sprach und zur Geduld aufrief. Darin lag überhaupt das Teuflische des Verbots der Vorträge, daß uns das einzige Gegengewicht gegen diese Erscheinungen genommen wurde.

Über diesen geistigen Verfall hinaus ging der moralische. Im Bettstroh, in den Schränken oder Rocktaschen verborgenes Brot wurde gestohlen. Von Essensportionen, die auf einem Träger der Holzkonstruktion, in einer Fensternische oder unter dem Kopfkissen aufbewahrt wurden, wurde gegessen. Brotteiler, Kompanieführer, die Zucker oder Tabak auszugeben hatten, entwendeten davon. Lehrer wurden Brotdiebe, ein Oberlandesgerichtsrat stahl Hemden. Stets handelte es sich um geringe Mengen. Die Mehrzahl der Diebstähle wurde entdeckt. Bei dem dichten Zusammenleben konnte kaum etwas unbemerkt bleiben, und es fiel schon auf, wenn jemand außerhalb der Essenszeiten etwas aß. Die Strafen waren ungeheuer hart: Entzug der Rationen bis zum Ersatz, völlige Ächtung im Umgang, Versetzung an andere Tische und in andere Baracken und schließlich Meldung beim Russen, der Bunkerstrafen eintreten ließ. Dieser letzte Weg ist allerdings nur selten beschritten worden.

Die Vergitterung der Baracken und Verzäunung des Lagerinneren

Im letzten Vierteljahr 1946 wurde plötzlich befohlen, daß alle Barackenfenster von außen mit eisernen Stäben gesichert würden. Diese Tatsache, deren Durchführung sich sehr lange hinzog, machte auf uns einen sehr niederschmetternden Eindruck. Sie unterstrich das Gefängnismäßige, ja Zuchthausartige unseres Zustandes. Sie war nicht mehr in Übereinstimmung zu bringen mit dem, was der Stabsleiter Alex im ersten Vierteljahr auf dem Appellplatz verkündet hatte, nämlich, daß wir weder Häftlinge noch Sträflinge seien. Nun saßen wir also doch hinter eisernen Gittern. Der NKWD hatte sich mehr vorgenommen, als er durchführen konnte. Jeder Termin für die Fertigstellung wurde überschritten. Eisen gab es zwar genug in Buchenwald, und die Schmieden rauchten und glühten. Wir hatten ständig schwere Transportarbeit zu leisten. Als aber dann die Befestigung der Gitter vorzunehmen war, fehlte es für die Holzbaracken an Schrauben und Bolzen, für die Steinbaracken an Zement. Wochenlang hingen die Gitter lose in ihren Löchern. Aber schließlich war es dann doch soweit. Ich erinnere mich des ersten Tages, da wir hinter den eisernen Gardinen saßen, noch sehr genau. Es war erheblich dunkler geworden in den Baracken, und die Stimmung war sehr gedrückt. Glücklicherweise gewöhnte sich der Mensch sehr schnell an solche Dinge. Wir haben schon nach kürzerer Zeit die eisernen Stäbe nicht mehr bemerkt. Sehr fest scheinen sie nicht gewesen zu sein. Als ein Kriegsmarineoffizier aus dem Iso fliehen wollte, ließ er sich des Abends in den Waschraum einschließen, öffnete das Fenster und konnte die Stäbe so weit auseinanderdrücken, daß ihm das Hindurchzwängen gelang. Er scheiterte dann aber an einem anderen Hindernis, das um dieselbe Zeit neu errichtet war, nämlich an den verstärkten und vermehrten Innenzäunen.

Eine große Zaunbauaktion, wie immer kurzfristig und mit riesigem Aufwand an Arbeitskräften betrieben, fand etwa im Juli oder August 1946 statt. Damals wurde ein Ring um das ganze Lager gelegt. Anschließend wurden dann auch die Teile des Lagers voneinander, die Wohnbezirke von den Werkstätten, vom Lazarett und vom Wirtschaftshof stärker getrennt. Jeder Fluchtversuch hätte über ein halbes Dutzend von Zäunen führen müssen. Die Lage dieser Zäune war bei der eingeschränkten

Beweglichkeit nicht mehr vorher bekannt. Man mußte damit rechnen, unversehens vor einem Zaun zu stehen, abgedrängt zu werden und die Richtung zu verlieren. Mindestens zwei der Außenzäune waren stromgeladen. Die vielen Drahtzangen und Vorschneider, die anfangs im Besitz der Häftlinge gewesen waren, waren wohl ausnahmslos den Filzungen zum Opfer gefallen. Eine Flucht aus dem Lager war seitdem nahezu unmöglich geworden und ist auch nicht mehr gelungen. Gelungen ist noch einmal eine Flucht aus einem Außenkommando. Aber da die Zahl der Arbeitskommandos stark eingeschränkt war, vor den Toren kaum noch Häftlinge beschäftigt wurden, so spielte auch diese Fluchtmöglichkeit praktisch keine Rolle mehr.

Merkwürdigerweise hat diese Tatsache auf unsere Stimmung keinen Einfluß gehabt. Wir rechneten, wie ich schon früher ausgeführt habe, nicht mit der Fluchtmöglichkeit, da die meisten von uns ihre Angehörigen in der Russenzone hatten und dort doch nicht hätten leben können.

Das System der ständigen Störungen

Die schon erwähnte Untersuchung auf Einsatzfähigkeit auf russischem Boden hatte mit ihrem negativen Ergebnis eine verhängnisvolle Bedeutung. Die Unterernährung und der hohe Altersdurchschnitt erwiesen uns als unbrauchbar selbst als Arbeitssklaven. Der Versuch ist nie wiederholt worden, es müssen also die maßgebenden Stellen sich ein Urteil gebildet haben. Damit fiel die letzte Notwendigkeit, irgendwelche Rücksicht auf uns zu nehmen fort. Rücksicht auf die Bevölkerung der Ostzone erübrigte sich ohnehin, da bei der sich ständig verschärfenden Absperrung Nachrichten über unser Ergehen nicht mehr hinausdrangen. So wurden denn zu dem Vernichtungsurteil, das vor allen Dingen in der Hungerration seinen Ausdruck fand, eine Reihe schikanierender und seelisch belastender Maßnahmen gefügt. So entstand der für Buchenwald so charakteristische Ton bewußter und beherrschter Grausamkeit, der aus äußeren Rücksichten plumpe Scheußlichkeiten, wie sie in den nationalsozialistischen Lagern an der Tagesordnung waren, vermied und am Ende doch die gleiche Wirkung hatte.

Zur Vollendung der Abschließung war nicht mehr viel zu tun. Schlagbäume sperrten jetzt die Verbindung zwischen dem Bahnhof und dem Lager. Es kam nicht mehr vor, daß man an den ehemaligen SS-Kasernen Weimarer oder Erfurter Frauen begegnete. Das Tor selbst wurde durch einen etwa 100 Meter im Radius messenden Zaun von Halbkreisform auch gegen Sicht abgesperrt. Wichtiger war, daß die Organe der russischen Militärverwaltung auf ihre privaten Liebhabereien und Beutezüge verzichteten, die ja die wirtschaftlichen Verbindungen der Häftlinge benutzt hatten. Es kam von nun an nicht mehr vor, daß beim Appell gefragt wurde, wer dem Kommandanten ein Klavier beschaffen könnte. Es kam nicht mehr zu Fahrten in die Wohnungen von deutschen Ärzten und Apothekern, angeblich um Medikamente zu beschaffen, nicht mehr zum Einkauf von Uniformtuchen, Militäreffekten, Benzin und Öl durch Vermittlung von Häftlingen. Die Russen stellten schließlich ihre Bauten vor den Toren ein. Damit entfielen die Fahrten in die Kiesgruben von Ehringsdorf und die Baukommandos vor dem Tor, alles Gelegenheiten, die noch gewisse Verbindungen mit freien Menschen gebracht hatten.

Dafür, daß auch in der weiteren Nachbarschaft das Verschwinden der Häftlinge aus dem Blickfeld bemerkt worden ist, kann ein Gerücht dienen, das als einer der letzten Boten aus der freien Welt ins Lager kam. Da wurde erzählt, Buchenwald sei innerhalb eines einzigen Tages durch den Einsatz einer ungeheuer großen Anzahl von Lastkraftwagen entleert worden.

Zur Absperrung der Baracken untereinander wurde das von Anfang an bestehende Verbot, fremde Baracken zu betreten, sehr viel energischer überwacht. Es ist allerdings nie vollständig durchgeführt worden. Die Versuchung war gerade bei der zunehmenden Schwäche und Anfälligkeit zu groß, auf einem Weg von nur wenigen Minuten, den Vater, den Bruder, den Freund, den Arbeitskollegen oder Dorfgenossen zu einem vielleicht letzten Gespräch aufzusuchen. Auch stille und fügsame Männer gingen immer einmal auf solche Reisen. Aber der größte Teil der Häftlinge beschränkte sich doch mehr und mehr auf die eigene Baracke und die wenigen Quadratmeter Raum vor oder hinter derselben. Auch die beliebten Besuche im Lazarett wurden erschwert, eine große Zahl der Werkstätten wurde geschlossen. Die Insassen des Wirtschaftshofes, wo es immer einmal zusätzliche Nahrungsmittel gab, wo aber auch ständig Russen herumschwärmten, lebten so isoliert wie die im Isolierbataillon.

Wie radikal der Kurswechsel war, zeigte sich am deutlichsten darin, daß das wichtigste Quälinstrument des ersten Jahres, die Gesamtappelle auf dem großen Platz, ganz aufgegeben wurden. Die Kontrolle der Anzahl fand hinfort täglich zweimal durch den Zonenkommandanten auf dem Platz vor jeder Baracke statt. Damit entfielen alle Berührungen der Häftlinge untereinander, die die Appelle gebracht hatten. Von da an konnte es vorkommen, daß man jahrelang auf demselben Quadratkilometer miteinander lebte, ohne sich je zu sehen oder das Geringste voneinander zu hören. Das war die Ursache dafür, daß wir nach der Entlassung so wenig Auskünfte über selbst gut bekannte Kameraden geben konnten.

Nicht zu erwähnen brauche ich das Verbot jedes schriftlichen Austausches. Auch dieses Verbot war anfangs vielfach umgangen worden. Es waren Briefe aus dem Lager hinausgegangen und andere hereingekommen. Auch ich habe dieses Glück gehabt und fühle heute noch die unbeschreibliche Wohltat, die mir der Anblick der Handschrift meiner Frau auf einem einfachen Zettelchen bereitete. Es enthielt nur wenige Zeilen und brachte an Sachmitteilungen kaum etwas, aber es war ein Zeichen, daß sie und die Kinder lebten. Ich glaubte für einen Augenblick, ihr Anlitz zu sehen und ihre Stimme zu hören. Damit war es also nun zu Ende.

Mit all den genannten Dingen war die letzte Rücksicht auf den völkerrechtlichen Begriff der Internierung geschwunden. Wir waren nichts anderes mehr als Strafgefangene nach einer härteren Ordnung als je in deutschen oder europäischen Zuchthäusern.

Einen besonderen Beweis für die hafttechnische Erfahrung der Russen fand ich immer in dem raffiniert einfachen Mittel der Umlegung innerhalb des Lagers. Das kostete gar nichts und war doch auch harmlos. Ein paar Häftlinge wurden einfach in eine andere Baracke verlegt. Man zog seine dünne Decke vom Bett, warf die paar Habseligkeiten hinein, nahm die Eisenschüssel in die Hand und war nach fünf Minuten schon am neuen Ort. Aber alle etwa bestehenden Verabredungen über eine geplante Flucht oder die Bloßstellung des russischen Systems nach der Entlassung, die Aufstellung von Totenlisten oder Ähnliches waren unterbrochen. Seelisch war es eine der größten Quälereien, denen wir ausgesetzt waren, denn es zerriß auch alle echten kameradschaftlichen Bindungen, alle gegenseitige Hilfe.

Dieser eine Kunstgriff aber ersparte den Russen ein paar hundert Mann an Wachpersonal und verminderte dadurch die Gelegenheit zu Rohheitshandlungen, die ja mit jeder Gefangenschaft von Menschen verbunden sind. Dabei blieb der eigentliche Kern der Haft, der Zermürbungsprozeß durch den gesteuerten Hunger, unberührt. Alles war ungewiß, wenn man in die neue Baracke kam: Die Kompanie- und Bataillonsführer, die charakterliche und geistige Qualität der Menschen, mit denen man am gleichen Tische sitzen und im gleichen Bette schlafen würde. Nur eines blieb ganz gewiß: Hungern würde man wie vordem, zwischen Pellagra I und Pellagra II pendeln, Wasser in den Gliedern, Furunkel und Ungeziefer haben.

Ich habe nicht einmal besonders oft gewechselt, habe aber doch in den Baracken 17, 26, 19 und 20 (Iso), 30 und wieder 17 gelebt und das Damoklesschwert der Verlegung über mir gespürt.

Den nächsthöheren Grad der Beunruhigung stellten die Verhöre und Fahndungen dar. Ständig waren GPU-Kommissare mit stattlichem Personal über den inhaltsarmen Blättern, die sie unsere Akten nannten. Es gab schlechterdings nichts, was nicht Anlaß zu einer Anklage oder wenigstens Verdächtigung hätte geben können. Manch einer wurde als Zeuge geladen und als Angeklagter in eigener Sache behalten. Bei den Jüngeren waren es Dinge, die mit ihrem Kriegsdienst als Soldaten zusammenhingen. Es genügte die einfache Tatsache der Feldzugsteilnahme im Osten. Knaben und Jünglinge standen unter der Werwolfanklage. Bei den Älteren mußte ihre Zugehörigkeit zum Volkssturm herhalten. Bei den Politischen ließen sich Anklagen von Ausländern konstruieren. Besonders dieser Titel war sehr ergiebig und führte immer wieder in die Arme des anderen Ressorts, das mit der Vernichtung von Deutschen beschäftigt war, nämlich die Militärtribunale. Besonders gefährdet waren auch alle, die in polnischen oder russischen Gebieten geboren waren, die einen Familiennamen mit slawischer Wurzel führten, die als Volksdeutsche umgesiedelt oder auch nur Kinder von russischen Kriegsgefangenen des ersten Weltkrieges waren.

Es waren ausnahmslos unschuldige Menschen, die auf solche Weise furchtbaren Quälereien ausgesetzt und meist ihrer Vernichtung entgegengeführt wurden.

Die Folge dieser Vorgänge war eine ständige, lastende Angst. Die Boten, die zur Vernehmung vor das Tor riefen, wurden allgemein als Schreckensboten betrachtet. Freunde verabschiedeten sich voneinander mindestens durch einen Blick. Da dem Vorgeladenen immer schweres Schweigegebot auferlegt wurde, hütete man sich zu fragen. Gruppen einfacher Leute, die die Zusammenhänge nicht durchschauten, mieden die Zurückgekehrten, als seien sie wirklich Verbrecher. Die Verhöre dauerten meist sehr lange. Daher standen immer Gruppen Wartender vor dem Drahtzauntor, das den Weg zum großen Tor öffnete.

Neben diesen Vorladungen, die zum Tribunal führten, gab es harmlosere, in denen die Verwaltungsstellen ihre Papiere kontrollierten oder vervollständigten. Schließlich mußte das ganze Lager durch Unterschrift die Papiere „anerkennen“. Die Aktion dauerte mehrere Wochen. Im großen Saal der „Kultura“ lagen die Ordner in ganzen Bergen, und man unterschrieb das Zettelchen, auf dem stand, daß man ein Blockleiter gewesen sei und Blockleitergeschäfte ausgeübt hätte, oder was dergleichen sonst war, noch einmal.

Eine ähnliche Unternehmung gab ebenfalls Beschäftigung für ein paar Monate. Das war das Herstellen von Fingerabdrücken sämtlicher Häftlinge. Es wurde zweimal durchgeführt, da die erste Aktion als unzureichend von den führenden Stellen verworfen worden war. Damals war, wenn ich mich recht erinnere, nur der Abdruck des rechten Zeigefingers genommen worden. Später wurden von allen zehn Fingern je zwei Abdrücke genommen und von Daumen und Zeigefingern noch einige zusätzliche.

Das waren die Maßnahmen, bei denen unser Verständnis vollkommen zurückblieb: Derartige bürokratische und kriminalistische Maßnahmen in derart simplen Fällen! Das konnte niemand begreifen und wir haben darüber nur gelacht. Vielleicht sind die Fälle aber doch diejenigen, die für das System am meisten charakteristisch sind. Aus der Geschichte der Kommunistischen Partei in der Sowjetunion kann man nicht anders als in den Kategorien von Verschwörern und Verbrechern denken, und somit kann man auch als Obrigkeit Andersdenkende nicht anders als mit den Mitteln der Kriminalistik behandeln. Eine Unterscheidung zu machen zwischen Verbrechertum und Trägern politischer Gesinnungen ist eine ausschließlich westeuropäische Angelegenheit. Die Fingerabdruckaktion bestätigte also durchaus das Vernichtungsurteil, das über uns gesprochen war.

Das, was mit den Vorgeladenen geschah, ist mir in zwei Fällen von zuverlässigen Leuten genau geschildert worden. Der erste der beiden Männer kehrte nach etwa drei Monaten ins Lager zurück, der zweite nach zehn Tagen. Beide hatten erlebt, was aus Dutzenden von Schilderungen sowjetischer Gerichtsverhandlungen genügend bekannt ist: Überführung in ein Gefängnis, verhörlose Wartezeit, in dem einen Fall schwere körperliche Mißhandlungen, versuchte Erzwingung einer Unterschrift unter ein vorher abgefaßtes Protokoll. Der eine der beiden Männer war ein Volksschullehrer aus dem Saaletal, der politischer Redner gewesen war, der zweite hatte nach Kriegsende kurze Zeit in amerikanischem Dienst gestanden. Beide Männer widerstanden.

Kleider- und Schuhnot

Die Schwierigkeiten unseres Lebens bestanden aber nicht nur in den Auswirkungen der eben geschilderten Verhältnisse, aus deren engem Zusammenhang die Absicht deutlich hervorgeht, sondern zu einem großen Teil auch aus Verhältnissen, die durch die lange Haftzeit in einem erschöpften Lande gewissermaßen von selbst hervorgingen. Da ist die Kleider- und Schuhnot an erster Stelle zu nennen.

Es ist schon berichtet worden, welchen Beraubungen man zwischen Verhaftung und Einlieferung in Buchenwald ausgesetzt war. So befand man sich also mit ausgetauschten Schuhen, ausgetauschtem Mantel, mit dünner Decke, ohne Bettwäsche, meist ohne Wechselleibwäsche und in einem Anzug, der als Arbeitskleidung ungeeignet war, dem Winter auf dem rauhen Ettersberg ausgesetzt. In den ersten vier Monaten, in denen ununterbrochen gearbeitet wurde, und bei den folgenden Arbeitseinsätzen litten Kleider und Schuhwerk sehr stark.

Es ist von der Lagerleitung manches getan worden, um die schwersten Mißstände zu beseitigen. Die in den Magazinen vorhandenen Schuhe und Kleider wurden ausgegeben. Da sie unglaublich schlecht waren, war das eine geringe Hilfe. Dann wurden Schuhmacher- und Schneiderwerkstätten eingerichtet, in denen fleißig gearbeitet worden ist. Da aber kein neues Reparaturmaterial geliefert wurde, waren die vorhandenen Bestände bald aufgebraucht, und es blieb auch diese Maßnahme wirkungslos. Was war schon gewonnen, wenn in einem Bataillon von 450 zehn Paar Schuhe und zehn Jacken oder Hosen zur Reparatur abgegeben werden durften. Schon nach einem halben Jahr waren Schuhe und Kleider der Toten die wichtigste Nachschubquelle geworden.

Den deutschen Stellen blieb nichts anderes übrig, als eine Organisation dieser Aufgabe vorzunehmen. Man ließ die Sachen im Lazarett desinfizieren, durch das Beerdigungskommando zum Magazin befördern und in den Werkstätten reparieren.

Es ging also neben dem fortschreitenden körperlichen Verfall der Verfall unserer äußeren Erscheinung einher. Wer irgendein Gefühl der Ordnung hatte, besserte unaufhörlich an seiner Kleidung. Die Lagerordnung war dabei fast das größte Hindernis. Sie verbot den Besitz von Nähnadeln, von Messern und Scheren, von Lappen und Fäden. Keine Filzung, bei der nicht einige dieser kostbaren Nadeln verlorengegangen wären! Als Stahlnadeln nicht mehr aufzutreiben waren, fertigten wir aus Leitungsdraht kupferne Nadeln, die sehr brauchbar waren. Keine Filzung auch, bei der nicht Bündel der unersetzbaren Flicklappen eingezogen wurden!

Ich hatte bei meiner Verhaftung Knickerbockerhosen und bis zum Knie reichende Wollstutzen getragen. Dies Beinbekleidung erwies sich als sehr praktisch. Ich ließ die Hosen gleich bis zum Knöchel hinunterfallen und gewann damit das Aussehen eines Türken, aber dieses weite Kleidungsstück spannte nirgends und scheuerte sich nicht durch. Ich habe das teure Stück bis zum Entlassungstage, also nur zwei Monate weniger als drei Jahre, getragen, in den kalten Wintermonaten Tag und Nacht. Freilich saßen zuletzt vom Knie an aufwärts Flicken wie Dachziegel übereinander. Bei der geschilderten Verwandlung der Hose konnte auf die Strumpflänge verzichtet werden. Ich trennte also am oberen Ende einige Zentimeter auf und stopfte damit die unteren Partien. Das war ein sehr günstiges Verfahren, denn ich brauchte nicht einmal die gefährlichen Vorratsknäuel von Wolle bei mir zu führen. Natürlich zehrte sich bei dieser doppelten Abnutzung mein einziges Paar Strümpfe bald auf. Um dieselbe Zeit gab meine Frau im Amtsgerichtsgefängnis meines Wohnortes Strümpfe und Wäsche für mich ab, und jedesmal wenn sie mit dem Paket kam, versicherte ihr der russische Posten eifrig: „Ja, Mann ist da!“

Am schlimmsten war der Zustand der Wäsche. Die meisten von uns hatten nur ein Hemd und eine Unterhose, die unter dem maschinellen Waschen sehr litten. Nach Jahresfrist blieben nur noch Fetzen übrig. Diese waren übersät vom Schmutz der Flöhe, die keine Wäsche zu entfernen vermochte und dadurch von Tag zu Tag wachsend in Tausenden und Abertausenden von Punkten die Wäsche überzog.

So sahen wir also aus: Gesichter, wohl von Sonne und Luft gebräunt, aber in seltsamen gelbbraunen Tönen, schmal, von vielen Linien durchzogen und im ganzen scharf geschnitten. Augen, deren Blick die auf dem Fundament der Verzweiflung gewaltsam erbaute Stumpfheit zum Ausdruck hatte. Hände, die sich auch bei den ehemals Handarbeitenden durch jahrelanges Nichtstun sehr verfeinert hatten, schmal, weich und nervös geworden waren. Dies steckte in der Kleiderhülle der beschriebenen Art: Kopfbedeckungen von der Militärmütze bis zum Kaffeewärmer und selbstgeschneiderten unförmigen Gebilden. Gestreifte ehemalige Gefangenenkleidung, Uniformen von Heer, Eisenbahn und Post, mit Flicken aller Farben besetzt, mit Draht zusammengebunden, mit hölzernen Wirbeln verschlossen, aus Wolldecken genähte Westen mit Ärmeln aus Zebrastoff und was dergleichen Kombinationen mehr waren. Alles war farblos, schmutzig, abgeschabt und bot gegen Witterungsunbill nur geringen Schutz. Sehr viele hatten sich angewöhnt, ständig einen Teil ihrer

Habe in Säckchen oder Beuteln umgehängt bei sich zu tragen. Das alles addierte sich, da man ja bei dem engen Zusammenwohnen auf einen Blick immer gleich zehn oder 20 solcher Gestalten auffassen konnte, zu einem unbeschreiblichen Bild des Grauens, der Verzweiflung und des Untergangs. Da marschierten wir einher auf den staubigen Straßen und vor den Barackenwänden aus rohem Holz strumpflos mit hochgestreiften Hosen, mit Schuhen, die aus Lumpen, Pappe und Holzstücken zusammengeflickt waren und zuweilen die Größe von holländischen Holzschuhen übertrafen. Wir haben oft leidenschaftlich gewünscht, diese Bilder mit dem Zeichenstift oder der Kamera festhalten zu können. Ein Menzel, ein Daumier, eine Käthe Kollwitz hätten sich kein günstigeres Material wünschen können. Ihr Stift hätte Jahr für Jahr Arbeit gefunden. Denn dies alles war in einer langsamen, aber unaufhaltsamen Bewegung in der Richtung auf das Bizarre und Groteske begriffen, in dem gleichen Maß, in dem die Not größer und die mitgebrachten bürgerlichen Vorstellungen blasser wurden. Seltsamerweise befanden sich anscheinend keine zeichnerischen Begabungen im Lager, denn mir ist nie der Versuch begegnet, diese Fülle der Gestalten festzuhalten. Einen Lithographen kannte ich unter den Thüringern, der sich manchen Schlag Essen verdiente, indem er für die Russen Stalin[3] und Sokolowski[4] und wen sie sonst noch in Zeitungsdrucken hatten, mit feinem Stift und sicherer Hand vervielfältigte. Aber an Darstellungen der Wirklichkeit wagte er sich nicht. Er hätte ja auch nur ihn schwer belastende, aus dem Lager nicht mitzunehmende Zeugnisse gegen sich selbst geschaffen. In den Anfangszeiten, da unsere Naivität gegenüber dem System noch groß war, war jeder entschlossen, am Tage der Entlassung daheim zum Fotografen und zum Arzt zu gehen, um einwandfreie Dokumente seines Zustandes zu schaffen. Es wird an gegebener Stelle zu erzählen sein, auf welch sehr einfache Weise das verhindert wurde.

So ist also die Bildersammlung menschlicher Gestalt in Leid, Hunger und Schande nicht zustande gekommen. Die Zustände zu schaffen und die Zeugnisse darüber zu verhindern gehört auch zu den technischen Leistungen unseres Zeitalters.

Als Folge des Kleider- und Schuhelends stellte sich nun auch hier das Zunehmen der Fälle von Diebstahl ein. Das forderte nun wieder diese

3 Stalin, Jossif W. (1879–1953), Generalsekretär des Zentralkomitees der KPdSU, ab 1927 unumschränkter Diktator.

4 Sokolowski, Wassili Danilowitsch (1897–1968), 1946 bis 1949 Befehlshaber der sowjetischen Streitkräfte in Deutschland.

unglückliche Folge von Bewachungsmaßnahmen der Kleiderablagen, zu Fahndungen nach gestohlenem Gut, zur Unterbringung von wertvollem Gut an verbotenen Stellen und dergleichen unglücklichen Folgen mehr.

Mangel überall

Das Verfahren der Russen, die Haft für Tausende von Menschen fortzusetzen ohne einen nennenswerten Einsatz von Materialien, führte insbesondere noch bei der Versorgung mit Seife, mit Medikamenten und mit Heizmaterial zu größten Schwierigkeiten.

Im Lager war ein großer Vorrat von deutscher Kriegsseife vorhanden gewesen, und da die meisten der Eingelieferten Seife mitgebracht hatten, so war für mehr als ein Jahr notdürftig vorgesorgt. Einige Male wurde etwas flüssige Seife ausgegeben. Es wurde auch der Versuch unternommen, im Lager Seife zu bereiten. Der Ertrag war aber gering. Wochen und Monate hindurch hat niemand auch nur das schlechteste Stückchen Tonseife besessen. Auch hier waren es die leistungsfähigen Lageranlagen, die die Zustände nicht unerträglich werden ließen. Wasser war in jeder gewünschten Menge vorhanden. Die Anlagen hatten sehr selten einen Schaden. Ein ständiges Arbeitskommando von Fachleuten hielt Zu- und Abflußleitungen in Ordnung. Dazu kam die höchst leistungsfähige Brausebadanlage. Bis zur Entlassung erhielten wir regelmäßig alle 10 bis 14 Tage diese unbeschreibliche Wohltat, und auch die Entlassungsprozedur hatte als erste Station das warme Bad.

Es war nicht Menschenfreundlichkeit, die die Russen zu dieser konsequenten Vorsorge trieb, sondern die Angst vor Epidemien, insbesondere vor Fleckfieber, die in einem Lager so nahe der äußersten Westgrenze nicht verborgen geblieben wären.

Ich bin nicht Arzt, kann daher nicht die unendlich kläglichen Verhältnisse schildern, die in der Versorgung des Lazaretts mit Medikamenten bestanden. Im ganzen ist auch hier die Situation die gleiche gewesen: Sehr reichliche Vorräte des alten Lagers, unkontrollierbare Verschleuderung derselben durch die Russen, zufälliger Ersatz aus einigen privaten Quellen, völliges Ausbleiben der gleichmäßigen Versorgung von 20 000 Menschen mit hohem Krankheitsstand mit den notwendigsten Medikamenten. Unsere deutschen Ärzte haben mit Eifer und Geschicklichkeit getan, was irgend zu tun war. Sie haben sowohl die Selbstherstellung von Medikamenten versucht als auch den Griff in den Schatz der volkstümlichen Heilmittel getan. Aber mit völlig leeren Händen ist schließlich nichts zu machen, es konnte keine örtliche Betäubung vorgenommen werden. Einem Freunde von mir brachte man bei einem Furunkel unter der Rippe vier Schnitte von je sieben Zentimeter Länge ohne Anästhesie bei. Es standen der Lazarettküche für Diätbehandlungen keine zusätzlichen oder andersgearteten Lebensmittel zur Verfügung. So fügt sich das Bild vom Lazarett völlig dem geschilderten Bilde des Vernichtungslagers ein.

Große Schwierigkeiten bereitete der Mangel an Kohle und anderem Heizmaterial. Stellen des Großverbrauchs waren hier die Russen selbst, die Wäscherei, die Desinfektionsanstalt, das Bad, das auch von den russischen Soldaten benutzt wurde, und die Küche mit ihrer Fernheizanlage. Wohn- und Lazarettbaracken waren mit Öfen versehen. Einen Großverbraucher schufen die Russen neu, die Bäckerei.

Die Großanlagen waren auf Koksfeuerung eingerichtet. Hier war also das benötigte Material nicht zu beschaffen. Man ersetzte es durch Braunkohlenbriketts. Jetzt konnte aber die benötigte Menge nicht beigebracht und nicht transportiert werden. Es war daher äußerste Sparsamkeit geboten. Die Bäckerei wurde mit Holz geheizt und dabei ein großer Teil des schönen Buchenbestandes verbraucht. Wohn- und Krankenräume waren die Stellen, an denen die eigentliche Einsparung erfolgte. Auch bei minus 27 Grad Außentemperatur durfte nur zwei Stunden täglich geheizt werden, eine Stunde morgens gleich nach dem Wecken und eine Stunde am Spätnachmittag. Teilweise und zeitweise waren das die Appellstunden. Es befand sich also niemand in den Baracken, eine ausgesuchte Niederträchtigkeit! Ich habe die Kältemonate im Iso zugebracht. Mein Bett war am weitesten vom Ofen entfernt. Es stand direkt an der Giebelwand der Baracke, deren dünne Bretter keinen Schutz gegen die Kälte boten. Wand und Decke waren mit einer dicken Reifschicht überzogen. Diese taute während der Heizstunde etwas auf und ließ dicke Tropfen auf das Fußende meines Bettes fallen, die dort wieder gefroren. Einmal führten wir den Zonenkommandanten, den gefürchteten Napoleon, vor die bereifte Wand. Er schüttelte den Kopf und ging ohne ein Wort zu sagen weg.

Das Groteske in unserem Aussehen, von dem oben berichtet wurde, verstärkte sich in dieser Zeit noch durch die Vermummungen gegen die Kälte. Es unterschied uns nichts mehr von den aus dem russischen Feldzug heimkehrenden Trümmern der napoleonischen Armee. Jeder trug alles auf dem Leibe, was er an Kleidungsstücken besaß und hängte sich noch obendrein die Schlafdecke über. So glichen wir Frauen in dicken Röcken, glichen kapuzentragenden Mönchen. Wenn wir uns angekleidet und gefrühstückt hatten, stellten wir uns auf die Bänke und Tische und trampelten mit den Füßen. Die Mittagszeit holt uns herunter. Nachher durfte eine Stunde geschlafen werden. Dann bestiegen wir wieder unseren erhöhten Platz. Die zu ebener Erde liegenden modrigen Holzfußböden waren unerträglich kalt. Ein einmal unversehens eintretender Russe erwirkte den Befehl, es sei verboten, sich auf Tische und Bänke zu stellen. Das war die einzige Reaktion. Die beiden getrennten Stunden des Heizens genügten nicht, die 7–8 Meter breiten und 10–12 Meter langen Räume durchzuwärmen. Nur wenige Männer waren so glücklich, daß sich ihr Bett- oder Tischplatz in Ofennähe befand. Die Wärmesuchenden drängten in dichten Klumpen um den Ofen und bildeten so einen Wärmeschirm. Wer in die kalten Ecken gedrängt war, murrte. Es gab scharfe Auseinandersetzungen und schließlich eine dieser problematischen Buchenwaldregelungen. Es wurde ein großer Raum um den Ofen geschaffen mit etwa 20 Sitzflächen, die viertelstündlich gewechselt wurden. Ich gehörte zu denen, die lieber den ganzen Tag froren und ihre Ofenviertelstunde verschenkten. Aberglaube, den ich nicht teilte, kam unter den Bedingungen des Lagerlebens immer sehr schnell auf. So flüsterte man sich zu, daß alle ständigen Ofensitzer in den Frühjahrsmonaten sterben würden. Wahrscheinlich waren es wirklich die, deren Kraft gebrochen war, die mit unaufhaltsamem Drang dem bißchen Wärme nachgingen. Tatsächlich war in den Monaten der gleichmäßigen und strengen Kälte, da die Infektionskrankheiten der Luftwege fehlten, der Gesundheitszustand besser als sonst. Aber erbarmungswürdig war der Zustand der Lazarettkranken; denn auch dort war nicht mehr Wärme vorhanden.

Das Beerdigungskommando

Ich füge hier den Bericht eines Mannes bei, der die Gelegenheit hatte, einen Blick in die gräßlichste Stelle des Lagers Buchenwald zu tun, nämlich in die eines der Führer des Beerdigungskommandos. Er schilderte das letzte Glied in der hier angedeuteten Reihe:

„Um die Jahreswende 1945 erhielt ich die Leitung des Beerdigungskommandos und wurde so zum Totengräber für mehr als 1000 meiner Kameraden. Manch einer, der jahrelang dieses Werk betreibt, erreicht diese Zahl nicht. Ich habe dazu nur fünf Monate gebraucht.

Man gab mir 20 Mann, bestimmte dazu die Kräftigsten aus der schon ein halbes Jahr hungernden Schar. Es war eine stockdunkle, sturmerfüllte Winternacht, in der wir zum ersten Mal die Leichenhalle betraten. Fliesenbelegte Wände, weiße, in den Boden eingelassene Wannen glänzten im grellen Licht übermäßig vieler Lampen uns an und erzeugten einen Schauer von Kälte, dem sich gleich der des Grauens zugesellte. Denn es hatte einen Augenblick gedauert, bis unser Blick die Körper der Toten erfaßte. Sie lagen in und zwischen den Wannen, neben- und übereinander auf dem Boden. Sie waren eingehüllt in jenen sackleinenen Bettstrohhüllen, die wir aus Kasernen und Lagern so gut kannten. Das Magazin hatte ihrer ein paar tausend erhalten. Sie spielten die Rolle von Särgen schlecht. Hier ragte ein nacktes Bein, dort ein Arm heraus; da lag ein bleiches, bartgeschwärztes, entbehrungsgezeichnetes Antlitz frei. Wir stutzten, es vermochte sich keiner mehr zu regen. Jeder Laut erlosch. Mein Auftrag riß mich heraus. Ich stieg in die Wanne, faßte zwei entblößte, eiskalte Beine, rief zwei der Männer an, den Kameraden an Kopf und Schultern zu fassen. ‚Den Kameraden!‘ Das Wort löste die Erstarrung. Sie begriffen die Situation: Gefallene des großen Krieges auch diese und wir dazu bestimmt, ihnen den letzten irdischen Dienst zu erweisen. Unter dem dumpfen Druck der Gefangenschaft und umschwebt von den Bildern des Entsetzlichen war es uns ein Bedürfnis, unserer Aufgabe einen allgemeinen Sinn zu geben. Wir wären sonst zusammengebrochen und halfen uns mit ein klein wenig Pathos. Nur schmerzte es uns tief, daß wir so wenig, so fast gar nichts tun konnten von dem, was Sitte und Brauch, was das Gefühl unseres Volkes, was christliche Gesinnung forderten. Wir banden späterhin die Hüllen fest um die Körper, damit keiner mehr entblößt sei. Wir steckten ein Zweiglein oder einen kleinen Blumenstrauß, den eine der Pflegerinnen aus dem Lazarett gebunden hatte, hinein. Wir nahmen, wenn die Karre beladen war und wir noch allein waren, unsere Mützen vom Kopf, und ich betete ein Vaterunser. Es war uns aber mitgeteilt worden, daß all dies verboten sei, und es hatten schon Bestrafungen deswegen stattgefunden.

Dumpf rumpelte die zweirädrige Karre des Lagers. Zu schwarzen Klumpen zusammengeballt erschienen die an Seilen zerrenden, an Rädern und Rückwand schiebenden Männer. Mein Windlicht war ein kümmerlicher Wegweiser. Schon lange vor dem Erreichen der dunkelsten Stellen draußen im Walde hatte es der Sturm gelöscht.

So erreichten wir das Tor. Dort nahm uns die Wachmannschaft in Empfang; denn nun sollte es ins Freie gehen. Wie eine Schar spielender Kinder entquoll sie der Postenstube. Die jungen Burschen jagten sich, schlugen sich die Mützen vom Kopf, lachten und schwatzten und formten sich endlich, nachdem die Toten und wir Lebenden gezählt waren, nachdem verglichen und telefoniert und ins Torbuch eingetragen worden war, zu einem dichten Gürtel um uns. Die Seile zogen an, die Arme stemmten sich, die ungelenken Holzschuhe polterten über das Eis der Pfützen. Wir verließen bald den bebauten Weg und bogen links vor dem Bahnhof in den Wald ein. Nun sahen wir weder Buckel noch Loch und nicht die Sperre windgestürzter Fichten. Wir verloren den Weg ganz und gar. Die Karre rollte uns von der hartgefrorenen Erde ständig in die Knie. Wir wurden gestoßen und geschlagen. Die Soldaten hatten sich Gerten geschnitten oder Stöcke gesucht und schlugen blindlings in unsere dunkle Masse hinein. Mehrmals wurden wir angehalten, zusammengepfercht, um wieder einmal gezählt zu werden und standen endlich vor den zwei oder drei flachen Gruben auf der freien Höhe südöstlich des Lagers, auf der wir damals begruben.

Von diesem Augenblick an wandelte sich die Haltung unserer Wächter. Das kindliche Tollen verschwand und eine widerwärtige Brutalität trat hervor. Es war die Angst dieser Menschen vor Tod und Nacht. Wir konnten nicht schnell genug arbeiten. Wir mußten die Leichen ins Grab werfen, wie man ein Holzscheit wegwirft. An den Tagen, da die Erde steinhart gefroren war, schlugen die Körper mit einem hellen, lauten Klang auf. Später, bei Tauwetter, spritzte das Wasser, das sich sofort in den Gräben sammelte, hoch auf. Wir konnten nicht darauf achten, daß von den fünf bis acht, die wir in eine Grube senkten, Haupt bei Haupt und Fuß bei Fuß lagen. Einer lag auf dem Rücken, einer auf der Seite. Als die Hüllen noch nicht von uns zugebunden waren, rollten die Toten heraus. Zuweilen schien es, als wollte sich ein Kopf tiefer in das Erdreich bohren. Zuweilen ragte ein Bein steil heraus fast bis zur Erdoberfläche. Oft kam es vor, daß dann die Grube nicht zu schließen war. Dann mußten zwei von uns hineinsteigen und die notwendige Ordnung machen. Immer hieß es: Dawai, dawai! Schnell, schnell! Und immer schlugen und stießen Knüppel und Gewehrkolben.

Wir sind nicht oft mit der Zweiradkarre gefahren. Ihr Fassungsvermögen reichte nicht lange aus. Man gab uns einen Lastwagenanhänger, den wir in der späten Abenddämmerung füllten, und den in der Nacht eine von einem Russen gesteuerte Zugmaschine abholte. Zwischen Straße und Lazarettgebäude zog sich ein einfacher Lattenzaun hin, der ein weites, zweiflügeliges Tor hatte. Dort stand ich und machte bei jedem Toten den die Männer herbeitrugen und auf den Wagen luden, einen Strich auf die Zaunlatten. Je vier Striche band ich durch einen fünften zu einer Gruppe, wie man das tut, wenn man etwas sehr gleichförmiges zu zählen hat. Ich konnte nicht anders. Am Tor mußte ich die am Mittag gemeldete Zahl der Toten vorweisen und wurde genauestens kontrolliert. Spät heimkehrende Häftlinge bemerkten das seltsame Geschehen am Zauntor, und es kam wohl vor, daß sie sich am Tage dort einfanden und meine Striche nachzählten. Dann ging durchs Lager die eiskalt ans Herz greifende Nachricht von der hohen Totenzahl und dem unausgesetzt sich steigernden Sterben.

Trafen wir mit unserem Fahrzeug am Tor ein, so mußten wir die Seitenwände des Fahrzeugs öffnen. Köpfe und Beine ragten da heraus in Lagen übereinander und über die ganze Länge des Fahrzeugs hinweg. Eine Ärztin oder der Feldscher nahm die Parade des Grauens ab. Sie entledigten sich immer schnell ihres Auftrages. Dann wurden die Seitenwände wieder hochgeklappt, der Wagen rollte durchs Tor und die Wachmannschaft trat an. Wir Lebenden wurden gezählt, was beim ersten Mal nie stimmte, und auf Briefe und Zettel untersucht. Dananch spielte sich die gräßlichste aller Szenen ab: die Wachmannschaft trieb uns auf den Leichenwagen. Dieser war von seiner Fracht bis über die Bretter gefüllt. Die toten Körper bildeten beim Rütteln des Wagens einen sich bewegenden Hügel. Auf ihn mußten wir klettern. Eng an die Bretter gepreßt, in die Zwischenräume und die Ecken gedrückt hockten wir und klammerten uns an den Ketten fest. Wir wurden von Baumzweigen getroffen, vom Schleudern des Wagens auf den ausgefahrenen Waldwegen auf die Leiber der Toten geworfen. Wir hockten, wir knieten, wir saßen, wir lagen schließlich auf ihnen und zertraten ihre Hände und Füße mit unseren Schuhen.

Endete die tolle Fahrt schließlich doch 200 oder 500 Meter vor dem vorbereiteten Beerdigungsplatz in einem Schlammloch, dann hieß es: Abladen und tragen! Das war nun wieder der Augenblick, in dem die Wächter unsicher wurden. Wie wilde Teufel jagten sie uns. Wir rannten beladen mit den Leichen im Dunkeln über den unebenen Waldboden. Wir stolperten, wir fielen hin und der Tote über uns. Wer aber fiel, den traf unbarmherzig der Gewehrkolben. Mit dem antreibenden Ruf: Dawai, dawai! vermischte sich jene Redensart von widernatürlicher Unzucht, die uns ständig umschwirrte. Es war dies der erste Satz russischer Sprache, den wir lernten, aus ständiger Wiederholung einfach lernen mußten. Wir erschauerten, als er uns übersetzt wurde. Niemals hat einer einen gemeineren und häßlicheren Totengesang gehabt als die Verstorbenen von Buchenwald.

Wie atmeten wir auf, wenn wir das Lagertor sich wieder schließen, die Soldaten sich wieder entfernen hörten. Die Männer riefen den Sanitäter, denn es gab immer Verletzungen. Wir reinigten und desinfizierten uns. Den folgenden Tag waren wir von jeglicher Arbeit befreit. Wir hätten auch nicht arbeiten können. Niedergedrückt, unlustig selbst zu einem Gespräch verkrochen wir uns in Pritschenwinkel und Ecken und verbrachten so den Tag. Aber wir bekamen doppelte Portionen zu Mittag und zu Abend, und zwar auf ausdrückliche Anordung der Kommandantur. Dieses Volk kann nicht anders lohnen oder anerkennen oder beruhigen oder für sich gewinnen als mit dem Materiellsten, mit Essen und Trinken. Wir aber kamen in schweren Zwiespalt. Das Hungern hatte so zugenommen, daß wir die Genugtuung unseres Körpers über das auf so furchtbare Weise gewonnene Mehr an Nahrung in Miene und Blick nicht unterdrücken konnten. Wir wurden zu einer Art von Nutznießern des allgemeinen Elends und konnten doch daran nichts ändern, denn wir waren dazu kommandiert.

Die Berge der Leichen aber auf unserem Wagen türmten sich von Woche zu Woche höher. Wir mußten fast jeden Tag Gräber machen. Selbst am Ostersonntag marschierten wir hinaus und schlugen in die frühlingshaft duftende Walderde die flachen Buchenwaldgräber und brachten heimlich ein paar Anemonen mit ins Lager. Die Körper, die wir in diesen Gräbern bargen, wurden ständig leichter. Mein Kollege E., mit dem ich lange Jahre zusammengearbeitet hatte, wog nicht mehr als 70 Pfund, als ich ihn in die kühle Erde legte. Es war fast so, als begrüben wir den Leib eines Kindes.

Die Zahl dagegen nahm immer zu. Die ersten Wagenladungen, die wir mit der Zugmaschine hinausbrachten, hatten etwa 15 Tote enthalten. Bald waren es 25, bald 30, und als die Zeit meines Kommandos zu Ende ging, im Mai 1946, waren es 48. Das ist während meines Kommandos die größte Zahl gewesen. Aber das große Sterben hat in Buchenwald erst ein halbes Jahr später eingesetzt, nämlich bald nach dem 7. November 1946. Wieviel

Tote da der Wagen barg und wie oft er hinausfuhr, das muß ein anderer zählen.

Wo liegen nun die Gräber von Buchenwald? Eine charakteristische Begebenheit vermag auf diese Frage eine Antwort zu geben.

Anfang Mai 1946 wurde das Beerdigungskommando am Tage mit Schaufeln und Hacken ans große Tor bestellt. Eine ziemlich starke Abteilung von Soldaten führte uns eine kurze Strecke in westlicher Richtung am Lager vorbei an den Rand des Waldes. Dort fanden wir den ersten Buchenwaldfriedhof. Er enthielt etwa 20 Einzelgräber, sehr niedrige Hügel, die dicht beieinander und genau in Reihen lagen. Hier hatte das erste Beerdigungskommando gewaltet und wohl noch eine gewisse Freiheit besessen, denn dort sah es gut aus. Man wurde beim Anblick der vom schwachen Gras und Moos bewachsenen Hügelchen an einen alten Dorffriedhof erinnert. Das sollten wir nun ändern. Wir mußten zunächst die Hügel aufhacken und breitwerfen. Aber es blickte, als das geschehen war, noch immer die regelmäßige Anlage durch. Auch sie sollte verwischt werden. Wir mußten ganz willkürlich Gräben und Böschungen anbringen und Erde und Steine herantragen. Die Soldaten gingen uns, entgegen ihrer sonstigen Gewohnheit, nicht vom Leibe. Sie verlangten immer wieder, daß hier noch weggehackt, dort noch aufgeschüttet werde. Dieses Verhalten fand bald seine Erklärung. Es rollte nämlich plötzlich ein Kraftwagen heran. Ihm entstieg der damalige Lagerkommandant, Kapitän Postoschenkow. Er prüfte genauestens unsere Arbeit, und fand, daß noch nicht genug geschehen sei. Er befahl, daß wir noch Dornengestrüpp, Baumwurzeln und Reste gefällter Bäume über die Stellen ausbreiten sollten. So wichtig nahm man diese Angelegenheit.

Wir wurden dann weitergeführt, zuerst in nördlicher, dann in östlicher Richtung. Wir stiegen den Abhang hinab, auf dem im Frühjahr 1946 der schöne Laubwald geschlagen worden war. Wir umwanderten fast das gesamte Lager, diesen Quadratkilometer der Gewalt und des Grauens und erreichten den zweiten der mir bekannten Beerdigungsplätze, den an der Höhe, über die die Bahnlinie nach Weimar führt. Dort lagen nur Sammelgräber. Vier bis acht Tote hatte wir in eine Grube legen müssen. Es war unser stetiges Bemühen gewesen, soviel leere Gräber wie möglich zur Verfügung zu haben. Wir wollten gern höchstens zweien oder dreien ein gemeinsames Grab geben. Aber die Soldaten duldeten dies nicht, weil dann in der Nacht etwas mehr Zeit gebraucht wurde. Auf diesem Begräbnisplatz, wo etwa 500 bestattet liegen, haben die Gräber keinerlei Ordnung der Lage nach. So wie gerade Wurzeln und Baumstümpfe Platz ließen, waren die Gruben gemacht worden. Hier mußten wir an jenem Tag die Höhlungen ausfüllen, die durch Erdsenkungen entstanden waren. Wir haben dies später noch mehrmals tun müssen und schließlich alles eingeebnet und verwischt. Hier wird keine Witwe jemals das Grab ihres Mannes, kein Kind das seines Vaters, keine Mutter das ihres Sohnes finden, obwohl diese Toten mitten in der Heimat ruhen. Wir haben es hier mit einem System zu tun, das in Nächten verhaftet, in Nächten verurteilt, in Nächten bestattet, das die Spuren seiner Untaten mit Sorgfalt verwischt und so im Vernichten eine vollendete Technik besitzt.

Ganz ebenso geschah es an der dritten Begräbnisstelle, die bis zur ersten Entlassung im Sommer 1948 benutzt wurde. Sie lag näher am Lager, in dem Talgrund gegen Nordosten. Sie stieß fast unmittelbar an den stromgeladenen Zaun an."

Hier endet der Bericht. Es ist nicht nötig, ihm irgend etwas hinzuzusetzen.

Entlassung

Wie kam es, daß nach fast zweijähriger Zerreibung im Vernichtungslager doch eine Teilentlassung durchgeführt wurde?

Jähe Umschwünge sind jenem System eigen. Man wird die Ursache in der außenpolitischen Situation und im Grad der Umgestaltung der Ostzone suchen müssen. Der Entschluß zur Entlassung ist vermutlich nach dem Scheitern der Londoner Außenministerkonferenz im Januar 1948[1] gefaßt worden. Eine Vorbereitung auf alle Fälle hatte aber schon seit dem 1. September 1947 stattgefunden. Sie bestand vor allen Dingen darin, daß man uns durch die Ausgabe von Zeitungen wieder in Verbindung mit dem Leben setzte und uns Gelegenheit gab, uns auf die veränderten Verhältnisse vorzubereiten.

Damals hatten die Umgestaltungen der von den Alliierten entsprechend dem Auseinanderfallen dieser Allianz entgegengesetzt gestalteten Hälften Deutschlands einen so bedeutenden Grad erreicht, daß an eine Rückbildung und einen einheitlichen Friedensvertrag nicht mehr zu denken war. Die Ostzone war ein Feld hemmungsloser Durchführung des Kommunismus geworden. Für diese neuen Zustände nun war die bloße Tatsache des Weiterbestehens von Konzentrationslagern eine schwere Belastung. Diese Namen des Schreckens standen im auffallenden Gegensatz zu den Sirenenklängen, die von einer wiedererstandenen staatlichen Propaganda täglich im Lande angestimmt wurden. Eine entscheidende Rolle spielte dabei die Tatsache, daß sich in den Konzentrationslagern zu

1 Die (zweite) Londoner Konferenz der Außenminister der alliierten Siegermächte fand vom 25. November bis 15. Dezember 1947 statt. Die Beratungen über eine Nachkriegsordnung für Gesamt-Deutschland waren bereits vom Geist des sog. Kalten Krieges geprägt und scheiterten an unvereinbaren Vorstellungen über einen Friedensvertrag.

neun Zehnteln Menschen aus der Ostzone befanden. Dort würde ihr Ausbleiben schmerzlich empfunden. Daß einige wenige in Westdeutschland und Westberlin von den Lagerzuständen berichten würden, konnte man in Kauf nehmen. Hatte man auch grobe Unmenschlichkeiten begangen, so ließ sich doch die Entlassung selbst als ein Akt der Großmut darstellen. Sie gewann damit Zusammenhang mit der Einstellung der Entnazifizierungsverfahren im Frühjahr 1948 und mit dem Bemühen um die „kleinen Nazis", das in der Gründung der „Nationalzeitung" und zweier neuer Parteien zum Ausdruck kam.

Das Zeitunglesen

Vom September 1947 an kamen täglich die „Berliner Zeitung", die Zeitung „Neues Deutschland", die „Nationalzeitung", „Sie" und eine Sportzeitung ins Lager, und wir wurden zum Zeitunglesen kommandiert. Das bewirkte eine Revolution der Stimmung und eine tiefgreifende Änderung sehr vieler Ordnungen des äußeren Lebens.

Zunächst kam uns die Dauer und Schärfe unserer Isolierung zum Bewußtsein. Außerhalb des Lagers war die Welt in dem Konsolidierungsprozeß vorwärtsgeschritten. Es waren in Deutschland und in der Welt neue politische Gebilde entstanden. Neue Gruppen, ein neues geistiges Leben, eine neue Literatur und Philosophie hatten sich gebildet. Wir wußten von alledem nichts.

Tageszeitungen pflegen selten Rückschau zu halten. So fanden wir schwer die Verbindung nach Rückwärts. Jede neue Nummer der Zeitungen überschüttete uns mit unbekannten Namen und Begriffen. Welches waren die Länder der deutschen Westgebiete? Welches die neuen Staaten des Ostens? Was war die „Bizone"[2]? Über die territorialen Änderungen in Europa, in Vorder- und Hinterindien, in China und Japan, über die Abgrenzung der Besatzungsgebiete in Deutschland war lange keine Klar-

2 Zusammenschluß der britischen und der amerikanischen Besatzungszone zu einem einheitlichen Wirtschaftsgebiet (1. Januar 1947)

heit zu gewinnen. Nur durch sorgfältigen Vergleich über viele Nummern hinaus kamen wir endlich zu einer gewissen Vorstellung.

Das allgemeine Interesse ging zunächst überhaupt nicht auf diese Dinge. Es wandte sich zunächst einmal den Verhältnissen des täglichen Lebens zu. Was auf der Anzeigenseite gesucht und angeboten wurde, ob Arbeit vorhanden war, welche Berufsgruppen begehrt, welche unbeschäftigt seien, das waren die Hauptfragen. Man durchblätterte den lokalen Teil, man suchte die eigene Stadt, das Heimatdorf, die Straße, in der man wohnte. Man beobachtete sorgfältig, ob bekannte Namen aufträten, ob das eigene Geschäft inseriere. Es wurden aufmerksam die Mitteilungen der Amtsgerichte studiert, und es gab unter den Berlinern einige Glückliche, die den Namen ihrer Firma, ihres Teilhabers oder ihrer Frau dort fanden.

Für einige wurden die Literatur- und Theaterberichte, die lyrischen Proben und die Illustrationen zu wahren Offenbarungen. Bei dieser Stärke des Interesses und dem Mangel an Exemplaren entwickelten sich schnell lagereigene Formen des Zeitunglesens. Es gab für 100 bis 120 Mann einer Kompanie drei bis vier Zeitungen in je einem Exemplar. Daher wurde von den Russen angeordnet, daß nur vorgelesen werden dürfe und die Nummern am nächsten Tage unverletzt wieder abzugeben seien. Das gab Anlaß zur Entstehung eines neuen Amtes, des Vorlesers. Er wurde durch einen halben Schlag Essen in der Woche besoldet. Ich habe mehrere Monate dieses anstrengende Amt gehabt und bis zu fünf Stunden am Tage vorgelesen. Überging ich irgend etwas, so wurde ich schwer getadelt. Politischer Teil, Wirtschaftsnachrichten, amtliche Bekanntmachungen, Feuilleton, Anzeigen – alles mußte gelesen werden. Es gab kaum einen, der ferngeblieben wäre. Aber schon nach kaum drei Wochen trat die Enttäuschung ein. Der Zuhörerkreis fing an, kleiner zu werden. Das hatte zu einem großen Teil seine Ursache darin, daß nur Berliner Zeitungen geliefert wurden. Thüringen blieb uns nach wie vor verschlossen. Wir fanden wohl einmal das Zeisswerk oder die Universität Jena erwähnt, vernahmen einmal von einem Vorfall in Erfurt oder Gotha oder Eisenach, aber das war nicht das, wonach die Thüringer Kleinstädter und Landwirte so sehr verlangten. Aber auch die Berliner merkten bald, daß die Zeitungen für ein Kennenlernen der Lebensverhältnisse unergiebig waren. Berliner Kolorit und Berliner Humor fehlten völlig. Der neue Journalismus war unlebendig. Man schob das anfangs auf die völlige Erneuerung dieses Standes, die ja viele Unerfahrene und Nichtfachmänner zur Arbeit gerufen hatte. Bald aber erkannten wir, daß dies Absicht sei. Wir vernahmen die Propagandamelodien eines neuen Systems.

Wir hatten zunächst begierig alles verschlungen, was uns geboten wurde, vom Kommunistischen Manifest an, das zu seiner Jahrhundertfeier 1948 in einer Sondernummer abgedruckt wurde, bis zu den endlos langen monotonen Darstellungen der „Täglichen Rundschau“ über die Ergebnisse von 30 Jahren sozialistischen Aufbaus in Rußland. Wir versuchten, zwischen den Zeilen zu lesen und glaubten lange Zeit, doch zu einer Kenntnis der wirklichen Verhältnisse kommen zu können. Aber von Woche zu Woche empfanden wir stärker, daß dies nicht möglich sei. Wir wurden darauf aufmerksam, daß in dieser Presse der ursprünglichste Teil, die Nachricht, zugunsten verzerrender oder vergoldender Zusätze, schließlich geifernder Anwürfe zusammengeschrumpft war. Die Vorgänge in der bürgerlichen westlichen Welt würden uns nicht bekannt werden. Was die Absicht des Marshallplans sei, die wirklichen Ursachen des Scheiterns der Londoner Konferenz, das würden wir nicht erfassen können. Dasselbe galt auch von den nichtpolitischen Lebensgebieten. Wie habe ich Jagd gemacht auf alles, was über den Existentialismus zu finden war! Jeder referierende Satz, jedes originale Wort war mir ein köstlicher Schatz. Leider gab es nur sehr wenig davon. Was ich fand waren feststehende Redensarten und eine widerwärtige Haltung der Überlegenheit. Ich kannte sie bald alle auswendig, diese Redewendungen vom Monopolkapitalismus und seiner Phase, dem Imperialismus, von der Korruption und der Sterilität des Bürgertums usw. Besonders angewidert wurde ich von den Darstellungen des Marxismus, Leninismus und Stalinismus und von dem, was auf dieser Grundlage als Philosophie angeboten wurde. Und schließlich reizte der Wortschwall, der um die Begriffe Humanismus und Realismus sich erhob, mit welchem letzterem sich die Prädikate sozialistisch, pazifistisch, kämpferisch, romantisch, progressiv und noch einige andere gleich gut verbinden ließen, nur noch zum Lachen.

Bald nach Weihnachten 1947 kam ein einziges Mal etwas andere Literatur ins Lager, die uns zeigte, was wirklich geistige Nahrung sei. Es waren ein paar protestantisch-kirchliche Traktätchen und die Losungen der Brüdergemeinde. Sie wurden als wirkliche Beglückung empfunden. Besonders über den Losungen saßen wir stundenlang. Ihre eigentliche Gebrauchsart kam anfangs gar nicht auf, sie wurden als fortlaufende Lektüre genommen. Da gab es kostbare Worte des Alten und Neuen Testaments und Liedstrophen aus altkirchlicher Zeit bis auf Rudolf Alexander Schröder, unvorstellbar herrlich! Eines der Schriftchen enthielt Bildreproduktionen, Darstellungen der Geburt Christi nach Schongauer, Dürer und Rembrandt, kleine, kaum handgroße Bildchen, aber lebendiger noch als Worte. Als die Blättchen wieder eingesammelt wurden, fehlte die Bildseite, und es gab viele böse Worte deshalb. Am Abend entfaltete sie in unserem Bettwinkel mein junger Freund, der Dritte im Bunde mit mir und dem Arzt. Er hatte sie gestohlen, und wir verziehen ihm gern und belasteten uns wieder mit verbotenen Gegenständen. Aber es war, als sei in unserer dunklen Isoecke, die mit ihren in der Lagerwerkstatt gefertigten rohen Bettgestellen wie das Zwischendeck eines Auswandererschiffes aussah, ein Stern aufgegangen.

Wichtiger aber als alle unsere Haft belebenden Zeitungsinhalte war die Tatsache, daß uns überhaupt etwas derartiges zugestellt wurde. Das konnte nur dadurch erklärt werden, daß eine neue Art von Interesse an uns entstanden war. Wer noch lebte, konnte auf Befreiung hoffen. So hat sich von dem Tage an die tiefe Niedergeschlagenheit, die auf uns lag, gelöst. Wir wußten, daß noch viel Geduld nötig sein würde, aber es gab doch nun eine unbestreitbare Tatsache mit günstigem Aspekt. Freilich war es höchste Zeit, die Kräfte verfielen sehr schnell, insbesondere die geistige Beweglichkeit und Willenskraft. Der Ausdruck völliger Ergebenheit und Stumpfheit, der sich in einem fatalen Lächeln spiegelte, trat mehr und mehr auf den Gesichtern zutage. Es gab viele, die stundenlang in der warmen Sonne saßen, ohne sich auch nur einmal körperlich zu regen.

Die Auslese

Der erste Schritt, der den Zeitpunkt der Entlassung andeutete, geschah am 4. oder 5. April 1948. Er bestand darin, daß etwa zwei Drittel der Insassen des Isolierbataillons wieder zurückversetzt wurden. Ich befand mich unter den Glücklichen. Lange stand ich auf der Lagerstraße und konnte mich nicht genug laben an dem Blick auf das freie Land, in dem das erste Grün des jungen Jahres sproßte und der Frühling bald seine ganze Fülle ausschütten würde. Ich meldete mich, da sich Gelegenheit bot, sofort zu den Essenholern und durfte danach zweimal am Tag die tausend Schritte bis zur Küche tun, jenen Weg, der an der Gärtnerei vorbeiführte, wo eben die Obstbäume in Blüte standen. Nicht mehr schritt der Lagerpolizist nebenher, nicht mehr war jede Unterhaltung mit Begegnenden verboten, nicht mehr wurde ich wie ein Aussätziger gemieden. Auf dem Platz vor der großen Küche war reges Leben und Treiben. Es wurde immer ein ganzes Korps zugleich abgefertigt, und es ging die hundertfach geübte Prozedur sehr schnell vonstatten, aber die paar Minuten zur Begrüßung eines alten Freundes blieben immer. Die Befreiung aus dem Iso war zur rechten Zeit gekommen. Meine Arme und Beine vermochten gerade noch, den 45-Liter-Kübel zu tragen. Der Weg hätte aber auch nicht zehn Schritte weiter sein dürfen.

Bei dieser Umlegung aus dem Iso trat zum ersten Mal eine Zweiteilung der Häftlinge in Erscheinung. Das war eine Tatsache, die gleichfalls sehr deutlich die veränderte Auffassung erkennen ließ. Denn es war bis dahin stets mit Wort und Tat zum Ausdruck gebracht worden, daß alle in Buchenwald Internierten einer einzigen Kategorie angehörten. Ein Prinzip für diese Einteilung war freilich zunächst kaum zu erkennen.

Der nächste Schritt geschah eine Woche später. Es wurden etwa 400 namentlich aufgerufen und in eine besondere Baracke verlegt. Es wurde den Betroffenen nun erklärt, daß sie der Liste 1 angehörten. Da sich das in den nächsten Tagen fortsetzte, war offensichtlich, daß man eine Trennung der zur Entlassung Bestimmten vornahm. Es wiederholte sich also die Zweiteilung. Vollends elektrisiert wurde aber das ganze Lager, als die Aufgerufenen nach wenigen Tagen eine sehr viel bessere Verpflegung erhielten, zu der sogar 20 Gramm Butter pro Tag gehörten. Nun war klar, daß wir zur Entlassung zurechtgemacht werden sollten. Die Gräber hatte man eingeebnet, nun verwischte man die Hungerlinien aus den Gesichtern. So macht man Geschehenes ungeschehen.

Es würde also nicht angehen, daß wir uns nach dem Tage der Rückkehr vom Arzt unseren Zustand protokollieren lassen könnten. Die eingefallenen Gesichter würden sich wieder füllen, die Schritte wieder kräftiger werden. So geschah es. Nachdem wir am Entlassungstage neue Kleider und Schuhe empfangen hatten, erkannte man in den Eisenbahnwagen und auf den Bahnhöfen die heimreisenden Buchenwäldler nicht an ihrem schlechten, sondern an ihrem guten Aussehen. Daß eine neue Sterbewelle in den ersten Monaten nach der Entlassung einsetzte, war ja ein der Beobachtung entzogener Vorgang.

Im Lager schritt die Vorbereitung fort, bis nach mehrmaliger Unterbrechung 21 Listen mit etwa 9000 Namen feststanden.

Wer wurde zur Entlassung bestimmt, wer zurückgestellt? Auch hierbei war das Prinzip durch ungenaue Listenführung und fehlerhafte Anwendung lange Zeit verhüllt. Entscheidend war der Hinblick auf das künftige Leben in der inzwischen umgestalteten Ostzone. Von wem angenommen werden konnte, daß er sich ohne Schwierigkeiten einfügen würde, der wurde entlassen. Das ursprüngliche Verhaftungsprinzip, die Zugehörigkeit zur NSDAP, spielte keine Rolle mehr. Besonders klare Gruppen waren unter denjenigen, die zurückgehalten wurden, die der Besitzer von inzwischen enteigneten Betrieben, die der Angehörigen von Kommandos und der Inhaber von Dienststellen im Lager, die einen guten Einblick gehabt hatten, wie z. B. der Mitglieder des Beerdigungskommandos und der in Westdeutschland Beheimateten, oder solcher, die den amerikanischen Besatzungstruppen nahegestanden hatten.

Es vergingen zwei Monate, bis die Einteilung durchgeführt war. Die bessere Ernährung dauerte genau ein Vierteljahr. Vor den Augen der Nichtaufgerufenen, die weiterhin hungerten, trug man die Kübel mit dem besseren Essen vorbei. Es gab im gleichen Lager jetzt etwa 9000 Satte und 3000 Hungernde.

Wenn wir Essenholer an den Baracken jener vorbeigingen, folgten sie uns mit stumpfen Blicken. Sie waren Leute, die nichts anderes getan hatten als wir. Ohne ein Wort zur Klarstellung ihrer Angelegenheit oder zu ihrer Verteidigung sagen zu können, waren sie wieder einmal der Hoffnung beraubt worden. Die Abschließung der Eingeteilten war sehr scharf. Eine Unterstützung der anderen war nicht möglich. Nur mit Heimatadressen und Nachrichtenzetteln beluden wir uns noch einmal. Es ist jedoch kein Zettel aus dem Lager hinausgekommen.

Als die Sonderverpflegung aufhörte und das Hungern noch einmal einsetzte, war klar, daß nun nicht mehr viel Zeit verstreichen dürfte. Der dünne Firnis des Gutaussehens wäre wieder verlorengegangen. Wenn ich mich recht erinnere, war es der 11. Juli, an dem die erste Gruppe von etwa 300 Mann in die Freiheit heimkehrte.

Ich gehörte der Liste 4 an und schritt am 15. Juli durchs Lagertor. Bis zur letzten Stunde zweifelte ich und wagte noch bis zur Besteigung des Zuges in Weimar nicht, frei zu atmen.

Die Prozedur hatte noch einen halben Tag gedauert, nachdem sie gegen 7 Uhr morgens mit dem Bad begonnen und wir uns auf Befehl der Kommandantur schon am Tage davor die Haare hatten schneiden und uns hatten rasieren lassen. Der letzte deutsche Lagerleiter, der ehrliche und geschickte Kasimir, warnte noch einmal eindringlich, jeden Versuch zum Durchschmuggeln von Notizen oder Andenken zu unterlassen. Auch ich folgte seinem Rat und warf die letzten Sachen und den letzten Beutel in das Getreidefeld vor der Baracke, in der die Untersuchung stattfand. Es wäre auch nicht möglich gewesen, etwas hindurchzubringen. Ich mußte mich völlig auskleiden und verlor ihres schlechen Zustandes wegen alle meine Kleidungsstücke bis auf die leidlich erhaltene Mütze, deren Futter völlig aufgerissen wurde. Außerdem durfte ich zwei Taschentücher und einen Blechkamm behalten.

So schritt ich von dem einen Ende der Baracke zum anderen. Dort flog mir in neuen Stücken ostzonaler Provenienz alles wieder zu: ein Paar Stoffschuhe, Unterhose, Hemd, Strümpfe, eine leichte Hose, eine Jacke und ein Handtuch. Ich kleidete mich an und verließ, meine Hose mit der Hand haltend, da Hosenträger oder Gürtel nicht mitgeliefert waren, den Zaunbereich des Lagers. Draußen war noch stundenlanges Warten nötig. Zweimal passierte ich sowjetische Offiziere, deren einer sich leider meine Anschrift notierte, woraus eine neue Bedrohung meines Lebens erwuchs. Es wurde uns versichert, daß wir nun vollwertige Glieder der neuen Volksgemeinschaft seien und daß uns der Schutz der sowjetischen Dienststellen zuteil würde, wenn wir ihn anrufen würden. Es gab Reisegeld und Reiseverpflegung, und schließlich bestieg ich einen Lkw, der mich nach Weimar brachte und an einer Straßenecke im Bahnhofsviertel absetzte.

In neuen Kleidern, ein Stück Buchenwaldbrot in ein Handtuch gewickelt, gut genährt, von der Sonne braungebrannt, so stand ich in den mir bekannten Straßen und schritt den Weg zum Bahnhof, fühllos, mit leerem Kopf und einem Herzen, das den eigenen Sinneseindrücken nicht glaubte. Das erste, was mir etwas deutlicher wurde, war, daß weder ein Lagerschutzmann noch russische Soldaten mir zur Seite schritten! Das Kaufen einer Fahrkarte gelang, und in dem Abteil des Zuges schien ich nicht aufzufallen, denn es nahm niemand Notiz von mir. Ein wenig löste sich die Starrheit während der Reise, doch noch wochenlang blieb ich befangen und wagte mich nur ungern in die Straßen der lieben Stadt.

In meinem Wohnort angekommen, hielt mich eine Gruppe von acht bis zehn Frauen fest. Sie hatten mich als Buchenwäldler erkannt und überfielen mich mit Fragen und Fotografien ihrer Angehörigen, auf die sie warteten. Ich war traurig, daß ich meiner langen Zeit im Iso wegen nur wenig Auskunft geben konnte. So waren damals alle größeren thüringischen Bahnhöfe umlagert, und die meisten fragten vergebens. Nachdem ich mich freigemacht hatte, schritt ich die bekannten Straßen dahin, den Kopf erhoben, tief atmend, das Bild begierig einsaugend. Aber es war mir, als schritten drei neben mir, die aus den gleichen Straßen mit mir hinweggeholt worden waren und den Rückweg nicht nehmen konnten. So hoch war hier die Zahl der Toten! Von vielen wußte ich, daß sie noch immer hinter dem großen Zaune saßen, von dem Lande aber empfand ich bald, daß es selber die Freiheit verloren hatte.

Nachwort

Dies ist der „Bericht des Dr. Ernst-E. Klotz". So war das Manuskript überschrieben, das nach dem Tode meiner Mutter im Jahre 1975, mein Vater war bereits 1965 gestorben, in meinen Besitz gelangte, das mir aber erst im Jahre 1985 in die Hände geriet, als ich alte Papiere durchsah. Ich habe damals eine furchtbare Lesenacht verbracht mit dem Versuch, das Gelesene mit dem Erzählten und in der Erinnerung Verbliebenen zu einem Bilde dessen zusammenzufügen, was in den sogenannten „Buchenwaldjahren" meines Vaters geschehen ist. Der Wunsch, das Manuskript zu veröffentlichen entstand bereits damals, er mußte aber zurückgestellt werden. Ich hatte mir vorgenommen, zuerst den Platz zu besuchen, auf dem das Lager gestanden hatte, Eindrücke und Hinweise zu gewinnen aus dem Erleben der Landschaft oder besser aus dem Kennenlernen des begrenzten Bereiches, den ein Geviert aus Stacheldraht und Bretterzaun definierte. Vor wenigen Tagen nun bin ich von einem ersten Besuch meiner Heimat Thüringen, die ich zum ersten Mal seit 40 Jahren habe aufsuchen können, zurückgekehrt. Ich habe den Ettersberg besucht und den Ort der Handlung des Berichtes. Hinzufügen kann ich nur wenige Ergänzungen, schildern kann ich nur das, was sich hinter den Worten auf der letzten Berichtsseite „woraus eine neue Bedrohung meines Lebens erwuchs" verbirgt, anmerken kann ich nur, was heute ein Besucher der „Nationalen Mahn- und Gedenkstätte Buchenwald" aus dort erhältlichen Broschüren erfährt, und versuchen möchte ich, das wiederzugeben, was ich empfunden habe, als ich den Ort betrat, an dem dies alles geschehen ist.

Von der Existenz eines Berichtes habe ich als Kind gewußt, er muß in den Jahren 1951 oder 52 nach der Übersiedlung der Familie von Jena nach

Berlin entstanden sein. Ich erinnere mich daran, daß meine Mutter in vielen Nächten auf einer alten Schreibmaschine die Seiten, die ich kürzlich gefunden habe, mit großer Mühe nach dem Diktat meines Vaters beschrieb. Dann versank dieses Wissen. Mein Vater hatte uns Kindern nie zusammenhängend von seinem Schicksal erzählt. Nur ganz selten, spontan, aus einem besonderen Anlaß kamen Einzelheiten oder Episoden über seine Lippen.

Mein Vater war im Jahre 1900 in Westfalen geboren worden und aufgewachsen. Als 18jähriger war er noch in den letzten Kriegstagen eingezogen worden, jedoch nicht mehr an die Front gekommen. Als er im Frühjahr 1945 mit dem letzten Aufgebot des Jenaer Volkssturmes eingezogen wurde, der zum großen Teil aus Lehrern bestand – er war nach dem Studium der Germanistik, Geschichte und Evangelischen Theologie in Jena, Berlin und Breslau als Lehrer in Hasenthal, Meiningen und Jena tätig gewesen und bemühte sich um seine Habilitation an der Universität Jena –, war er der einzige, der ein Gewehr laden konnte. Nach kurzer Ausbildung gelangte diese Gruppe nach Frankfurt an der Oder, um den Rückzug der Wehrmacht zu decken. Diejenigen, die das überlebten, gerieten in russische Gefangenschaft und traten den langen Leidensweg nach Osten an. Mein Vater ist nie ein Abenteurer oder Draufgänger gewesen, er hat aber offenbar in den ersten Tagen des Marsches begriffen, daß dieser in den Untergang führen werde. Es gelang ihm, sich in der Phase des Zusammenbruchs und der totalen Unordnung von dem großen Strom abzusetzen und die Rückkehr nach Thüringen anzutreten. Ich erinnere mich sehr deutlich daran, wie er diese Situation mir als jungem Menschen einmal schilderte, um anschaulich zu machen, was es bedeutete, wenn eine wie auch immer definierte Ordnung zusammenbrach. Ich wundere mich heute, warum ich damals nicht weiter nach Kriegs- und Fluchterlebnissen gefragt habe, obwohl mir noch heute einige seiner Schilderungen über zerschossene Häuser in Frankfurt, über die Suche nach Lebensmitteln und Zivilkleidung in verlassenen Dörfern in Erinnerung sind – aber, wir Berliner Jungs der fünfziger Jahre waren total unmilitärisch, das war kein Thema, und noch heute ist mir ein für die damalige Zeit typisches Bild deutlich vor Augen: Sonntags im Grunewald, die Familie wandert mit Decke, Picknicktasche und Federballschlägern vom S-Bahnhof Grunewald zum nahegelegenen Teufelssee. Seitlich, nur wenige Meter neben uns: Amerikanische Soldaten kriechen mit schwerer Ausrüstung durch das Gebüsch, da in der eingeschlossenen Stadt kein Platz für abgegrenzte militärische Übungsgelände zur Verfügung steht. Bei gegenseitiger Sympathie bestand nicht die geringste Beziehung zwischen den beiden völlig verschiedenen Lebensbereichen. Wie auch immer, ich habe damals nicht weiter gefragt, mein Vater wird seine schrecklichen Erinnerungen nur zu gerne von uns ferngehalten haben.

Es war ihm damals nach der Gefangennahme gelungen, die Oder zu überqueren, in weitem Bogen die Städte und Dörfer zu umgehen und nach mehreren Wochen, in denen er wie erwähnt, zuerst seine Uniform loswerden, dann Lebensmittel auftreiben und den Weg nach Thüringen finden mußte, Jena zu erreichen. Am 9. September 1945 trat dann das ein, was seinen Bericht füllt.

Bis zum Tage der Entlassung am 15. Juli 1948 hat meine Mutter nur ein einziges Mal eine Nachricht meines Vaters erhalten. Durch die Mithilfe eines Schäfers, der unverdächtig in die Nähe des Lagers gelangen konnte, war ein schmaler Papierstreifen, der offenbar Nachrichten mehrerer Inhaftierter trug und daher aufgeteilt wurde, aus dem Lager geschmuggelt worden. Der mir überlieferte Teil mit den Abmessungen von etwa 2 x 13 cm trägt in einer Ecke den Aufdruck „Der Lagerkommandant“ und stammt daher offensichtlich von einem amtlichen Formular des alten Lagers. Er enthält in der Handschrift meines Vaters auf der einen Seite Namen und Anschrift meiner Mutter sowie die Aufforderung an jemanden, dessen Identität aus dem Fragment nicht hervorgeht, Grüße zu bestellen. Die Rückseite trägt den vermutlich durch das Zerteilen verstümmelten Text: „zu unterstützen, hat Lebensmittelhandlung. Viele Grüße Ernst-E.“ Wie der Zettel nach Jena und an die Adressaten gelangte, ist nicht mehr bekannt. Meine Mutter wird diesen Papierstreifen wie eine Reliquie verwahrt haben, so daß er bis heute erhalten ist, sie hat uns Kindern gegenüber aber eigenartigerweise niemals darüber gesprochen. In umgekehrter Richtung ist eine Nachrichtenübermittlung wohl auch einmal gelungen, nähere Umstände sind nicht mehr bekannt.

Die Rückkehr meines Vaters geschah am 15. Juli 1948, wie aus einem ebenfalls bemerkenswerten „Dokument“ hervorgeht: Auf einem halbseitigen Vordruck wird bescheinigt, daß „Herr Ernst Klotz aus dem Internierungslager entlassen ist und sich auf dem Heimwege nach Jena, Westendstr. 17, befindet. Diese Bescheinigung berechtigt obengenannten, die Eisenbahn zu benutzen. Als Personalausweis kann sie nicht dienen. 15. Juli 1948. Landespolizeichef (unleserliche Unterschrift)“ Aufgedruckt ist ein Stempel mit der Aufschrift: „Ministerium des Inneren Landespolizeiamt Thüringen“. Hier hat offenbar eine deutsche Behörde ohne nähere Ortsangabe eine Bescheinigung erstellt und damit ihre Zuständigkeit für den Betroffenen erklärt – so etwas wie die Bestätigung der Rückkehr aus sowjetischer Exterritorialität nach Deutschland. Wichtig ist dieses Papier wegen der Anerkennung der Existenz eines „Internierungslagers“ und wegen der Nennung des genauen Datums. Meine Mutter hatte mit uns Kindern die frühere Wohnung im Hause Westendstr. 22 verlassen müssen, in unmittelbarer Nähe jedoch, auf der anderen Straßenseite im Hause Nr. 17 eine bescheidene Unterkunft finden können. Sie hatte aus einem auffälligen Vorhangstoff, der meinem Vater bekannt war und ihm ins Auge fallen würde, wenn er die Straße vom Westbahnhof heraufkäme, eine neue Gardine genäht, um zu verhindern, daß er bei seiner Rückkehr im falschen Hause nachfragte. Sie hatte uns dies genau erklärt, und es ist mir bis heute noch deutlich in Erinnerung.

Am Tage der Rückkehr muß sich für meinen Vater eine Begebenheit abgespielt haben, die später zu einer der wenigen sporadischen Mitteilungen über seine Erlebnisse führte: Nach dem gemeinsamen Essen zeigten wir Kinder stolz, wie gut wir die Prozedur des Topfauskratzens organisiert hatten, wie jeder genau wußte, wer bei einer Mahlzeit an der Reihe war und in welcher Weise die Qualität des Essens dabei berücksichtigt werden konnte. Ich habe damals nicht begriffen, was in meinem Vater vor sich gegangen sein mag, erst sehr viel später teilte er mir einmal sein tiefes Erschrecken über die Erkenntnis mit, daß seine Familie in diesem Punkte offensichtlich aus gleichem Grunde zu einem ähnlichen Verhaltensmuster gelangt sei wie die vielen Gefangenen des Lagers Buchenwald. Aus solchem Anlaß erzählte er von den Dingen, die sein Bericht so ausführlich schildert.

Andere, episodenhaft aufscheinende Mitteilungen bezogen sich zum Beispiel auf handwerkliche Fertigkeiten und Kenntnisse, die mein Vater in besonderem Maße in Buchenwald erworben hatte. Er wußte nicht nur, wie berichtet, alles über das Brotbacken und die Drei-Felder-Wirtschaft, er war damals durch die Kameraden auch in kreativem Mitdenken gefordert worden. Ein kleines Beispiel soll dies zeigen. Anläßlich eines Versuches, ein von mir im Keller des Jenaer Hauses gefundenes altes Fahrrad wieder flott zu machen, berichtete er von einem Ingenieur einer Fahrradfabrik, der seinen beschäftigungslosen Kameraden die Aufgabe gestellt hatte, ihm zu sagen, wie das Fahrrad der Zukunft aussehen sollte. Konstruktionspläne für Klappräder, Gangschaltungen oder eine permanente Kettenschmierungseinrichtung – ein Auftrag meines Vaters – sind auf dem Ettersberg damals zumindest in Gedanken entstanden. Die „Volkshochschule Buchenwald“ hat in ihm nicht nur einen Dozenten gehabt, der das erwähnte Thema „Gut und Böse“ erfolgreich anbot – er ist der „Thüringer“ selbst gewesen, der Jenaer Studienrat, der seiner Vorträge wegen die Hälfte seiner Zeit in der Isolierbaracke gesessen hat – er war aus Hunger nach geistiger Nahrung auch einer der eifrigsten Hörer.

Andere Erinnerungen zum Thema Buchenwald, die ich aus meinem Gedächtnis herausbringen kann, erstrecken sich auf die wenigen Buchenwaldkameraden meines Vaters, die in ihre thüringische Heimat zurückkehrten. Da ist am deutlichsten der zitierte Landwirt und Fuhrmann Kurt Mülferstedt. Er hatte einen Bauernhof in Rudisleben, einem damals kleinen Dorf bei Arnstadt. Nach der Rückkehr der beiden Freunde sind wir dort ein- oder zweimal zu Besuch auf dem Hof gewesen, ein eindrucksvolles Erlebnis für ein Stadtkind! Weiter war da der Ingenieur Karl Ring aus Jena. Im Zusammenhang mit diesen beiden sind gelegentlich Einzelheiten erwähnt worden, sonst lag tiefes Schweigen über den schrecklichen Ereignissen. Dies war den Gefangenen strikt auferlegt worden, und sie hätten es wohl nicht leichtfertig gebrochen.

Nach der Rückkehr bestand für meinen Vater keine Möglichkeit, in einem akademischen Beruf zu arbeiten, er wurde Zimmermann und legte im März 1950 um die Zeit seines 50. Geburtstages die Gehilfenprüfung ab. Ich erinnere mich noch deutlich an das Ergebnis der praktischen Prüfungsaufgabe, an ein „Balkenschloß", eine Kopf-zu-Kopf-Balkenverbindung, die gegen Druck, Zug und seitliche Verschiebungen lediglich mit Holzpflöcken verriegelt war – es ist im letzten Thüringer Winter im Kinderzimmer verheizt worden.

Auf einer Baustelle der Neubauernsiedlungen im Saaletal holte ihn dann der Schatten Buchenwalds wieder ein. Der russische Offizier, der ihm den Entlassungsschein am Tor übergeben und sich Namen und Anschrift notiert hatte, erschien im Spätherbst 1949 in der elterlichen Wohnung. Meine Mutter hat später in Berlin darüber eine schriftliche Aussage gemacht, in der sie berichtet, daß sie den Offizier zu der Baustelle geführt habe, um zu verhindern, daß er meinen Vater allein aufsuche. Sie schreibt wörtlich: „In Drackendorf rief ich meinen Mann, der mit anderen Zimmerleuten auf dem Gerüst stand, heran. Alsdann mußte ich auf Anordnung des Russen neben dem Auto stehenbleiben, während er in einiger Entfernung mit meinem Manne und der Dolmetscherin auf einem Feldweg auf und ab ging und mit ihm sprach. Mein Mann erzählte, der Russe habe ihn zur Agentenarbeit aufgefordert und einen weiteren Besuch in unserer Wohnung angekündigt." Die gewährte Bedenkzeit nutzte mein Vater, um mit der Familie Thüringen für immer zu verlassen.

*

Wie bietet sich der Ettersberg heute dem Besucher dar? Von Weimar aus nach Norden fahrend, erreicht man nach langem kontinuierlichem

Anstieg den Wald. In weitem Bogen windet sich die breite Straße auf eine flache Bergkuppe hinauf und erreicht offenes Gelände, das locker mit Bäumen bestanden ist, die inzwischen stattliche Höhe erreicht haben. Am Bahnhof, der zunächst kaum auszumachen ist, da lediglich Gleise und flache Bahnsteige übriggeblieben sind, biegt man nach links und erreicht eine Gruppe von großen langgestreckten, einstöckigen Steingebäuden mit hohen, ausgebauten Giebeln. Die die halbrunde Straße radial mit ihren Giebelseiten berührenden Häuser sind Reste der früheren SS-Kasernen. Sie wurden nach der Befreiung des Lagers durch amerikanische Truppen und die bewaffneten Kampfgruppen der Häftlinge am 11. April 1945, nach der Übernahme des Lagers durch die III. US-Armee am 13. April und nach dessen Übergabe an die Rote Armee am 3. Juli 1945 schon bald wieder mit dem gleichen Ziel, der Internierung von Menschen, besiedelt, denn die ersten Häftlinge des sowjetischen Konzentrationslagers Buchenwald trafen bereits in den Sommermonaten ein und werden die nördlich davon gelegenen Baracken im Stacheldrahtbereich bezogen haben. Die SS-Häuser beherbergen heute die Direktion, die Anmeldung mit Informationsstand und Kinoraum, einen Jugendclub und anderes. Die ringförmige Straße wird als Parkplatz benutzt. Von früher in diesem Bereich bestehenden Gebäuden ist bei flüchtigem Blick nichts mehr zu sehen. Die ersten Gebäude des Lagers, die man dann zu Fuß in nordwestlicher Richtung erreicht, sind die flachen Steinbaracken der nationalsozialistischen „Kommandantur“ und der „Politischen Abteilung“. Dort jedoch verweilt kein Besucher lange, denn jetzt wird das Torgebäude mit dem zentralen Durchlaß und den beiden rechts und links anschließenden flachen Anbauten sichtbar und schlägt in seinen Bann. Sofort heftet sich das Auge an das geschmiedete Eingangsgitter. Auch wenn man den in großen eisernen Buchstaben ausgeführten Spruch längst kennt und ihn lange erwartet hat, das zynische „JEDEM DAS SEINE“ ist von besonderer Widerwärtigkeit, die sowjetische Geheimpolizei NKWD hat für ihr Konzentrations- und Vernichtungslager auch diese Inschrift ohne Abwandlung übernehmen können. Das im zentralen Bereich einstöckige Gebäude mit dem verandaartigen Aufbau, der die Uhr trägt, dem weitläufigen Balkon, der wohl mit Scheinwerfern und Lautsprechern bestückt war, ist schnell durchschritten und man gelangt auf einen riesigen freien Platz, der leicht nach Norden abfällt. Ich war bei Sonnenschein aus dem frühlingshaften Weimar aufgebrochen, im Augenblick des Betretens des freien Platzes jedoch brach ein Hagelschauer über die Besucher herein, als ob der Berg daran erinnern wollte, daß dies hier kein Waldparkplatz als Ausgangspunkt für Wanderungen oder Picknick sei. Es war mir gesagt worden, daß dort oben nicht mehr viel zu sehen sei, der große Platz aber überraschte mich, er war durch seine sinnlose Leere so besonders erschreckend.

Langsam begann dann erst der Versuch, zu verstehen, wie das dort gewesen sein mag. Am Nordostende, quer über die freie Schotterfläche, entdeckt man ein mehrstöckiges großes Gebäude, das unvermittelt in diesem Gelände steht. Es ist das ehemalige Magazin, rechts daneben ein kleiner Flachbau, das alte Desinfektionsgebäude, in dem heute eine Ernst-Thälmann-Gedenkstätte untergebracht worden ist. Außer diesen Gebäuden ist nichts, das den Blick festhält, er schweift weit über die zartgrünen Wipfel der Bäume ins freie Land, über entfernte Hügel und verstreute Dörfer. Der Platz gewinnt erst Konturen, wenn man weiter vom Torgebäude fortschreitet und die durch verschiedenfarbigen Schotterbelag gekennzeichneten Grundrisse der Baracken bemerkt: fünf in Längsrichtung von Westen nach Osten, bis zu neun solche Reihen vom Appellplatz nach Norden. Im äußersten Norden wird die Lage unübersichtlich, dort fällt der Hang stärker ab und geht in mittlerweile dicht bewachsenes Gelände über. Es entsteht so der Eindruck eines großen Rechtecks, das von einem einfachen Stacheldrahtzaun umschlossen ist. Sowohl das nationalsozialistische als auch das kommunistische Lager sind nach allen Seiten hin größer gewesen. Die Fabrikationsanlagen der Rüstungsbetriebe, die sich im Osten unmittelbar an das Lager anschlossen bzw. sich jenseits des Bahnhofs im südöstlichen Bereich der Gesamtanlage befanden, waren gegen Ende des Krieges durch Angriffe der Alliierten zerstört, Teile des verbliebenen Lagers in der Nachkriegszeit von den neu Inhaftierten abgerissen worden. Die im Auftrag der Russen nach 1945 errichteten Gebäude sind inzwischen allesamt verschwunden, man wird wohl vergeblich selbst nach ihren Fundamenten suchen. Die Nachfolgeverwaltungen der DDR-Behörden haben sämtliche Spuren der sowjetischen Nutzung dieses Lagers beseitigt. Ich fand jedoch die Stellen, an denen die Baracken 17, 19, 26 und 30 gestanden haben, in denen mein Vater untergebracht war – man wird wohl 1945 in der Eile der Neubesiedlung die Barackennummern nicht geändert haben –, und dadurch entstand in mir langsam eine vage Vorstellung von dem Leben an diesen Orten, von der Enge der Lagerstraßen, dem Ausgesetztsein dem kalten Nordwind gegenüber, der erneut mit Eisschauern über mich herfiel – doch blieb alles nur schemenhaft, unwirklich. Kahle Steinblöcke markieren heute mit Zahlen die Orte der Baracken, von denen einige zusätzlich durch Gedenksteine an besondere Lagerinsassen oder Ereignisse des Nazilagers erinnern. Das sowjetische Internierungslager wird durch nichts markiert, seine Existenz wird nirgendwo dokumentiert, auch wenn sie jetzt zunehmend wieder bekannt wird. Die Baracken sind wohl auch deshalb so gründlich entfernt worden, weil sie ebenso deutlich die jüngste Geschichte des Ettersberges bezeugt hätten.

Ich überschritt den weiten Platz und gelangte an das nördliche Ende, dann nach Osten zum alten Magazin, das eine Ausstellung über das Lager und den antifaschistischen Widerstand zeigt. Durch Regen und Hagel aufgeweicht, erwies der kalkige Boden Buchenwalds auch mir seine Klebrigkeit und Schwere – ich dachte unwillkürlich an die Berichte des Anführers des Beerdigungskommandos, auch hinter dieser Person verbirgt sich der „Thüringer", mein Vater. Warum hat er dieses Versteckspiel betrieben, war er der Meinung, daß schon der Inhalt eines der Teilberichte für ein Schicksal ausgereicht hätte?

Zurück, den leicht ansteigenden Hang hinauf, kommt man an Barackenfundamenten vorbei, an denen zugeschüttete Eingänge auf frühere Unterkellerung hinweisen. Das werden die Reihen der Steinbaracken gewesen sein. In Richtung auf das Tor zu folgen dann die Fundamente der Holzbaracken in geordneten Reihen.

An der südöstlichen Ecke des Lagers steht, durch seinen Schornstein leicht identifizierbar, das Krematorium des alten Lagers. Die sechs Öfen zeigen wohl am deutlichsten die Organisation und Perfektion der maschinellen Vernichtung von Menschen in Konzentrationslagern. Durch die jetzige Präsentation wird der Eindruck erweckt, als sei sie bis zur Schließung des Lagers in Betrieb gewesen, obwohl die Öfen bereits 1944/45 durchgeglüht und damit unbrauchbar geworden waren. Der NKWD hat, dem Bericht über das Beerdigungskommando zufolge, seine Opfer ausschließlich verscharrt. In der Nähe des Krematoriums befindet sich auch der südöstliche Wachturm, der die Außenbegrenzung des eigentlichen Lagers markiert. Wie der entsprechende Südwestturm ist er noch heute stummes Zeugnis des Grauens und der Barbarei von zwei Diktaturen.

Im westlichen flachen Toranbau, vom Appellplatz aus gesehen auf der rechten Seite des Eingangsgitters, befinden sich die 26 Einzelzellen des alten „Bunkers". Sie sind heute als Mahnmale für Einzelschicksale des Nazilagers hergerichtet und sind wohl, den Berichten über dieses Lager folgend, die Orte der widerwärtigsten und menschenverachtendsten Quälereien und Morde gewesen. Der vorliegende Bericht gibt als Ort des „Bunkers" einen Steinbau auf dem Lazarettgelände an, einem entlegeneren Teil des nordwestlichen Lagerbereichs. Gegenwärtig sind dort keine Spuren der Grausamkeit der sowjetischen Bewacher und ihrer deutschen Handlanger mehr zu sehen. Wie auf dem Ettersberg sowohl an das nationalsozialistische Konzentrationslager als auch an das sowjetische Spezial-lager erinnert werden sollte, ist Aufgabe einer Kommission von Histori-kern, die im Auftrage der thüringischen Landesregierung „Empfehlungen zur Neuorientierung der Nationalen Mahn- und Gedenkstätte Buchen-wald“ erarbeiten soll. Gedacht ist an ein räumlich deutlich von der KZ-Gedenkstätte getrenntes Museumsgebäude in der Nähe eines der Gräber-felder.

Der „Bericht des Dr. Ernst-E. Klotz“ ist unvollständig, da er nach Jahren aus dem Gedächtnis aufgeschrieben wurde, er gibt nur einen kleinen Teil dessen wieder, was nach dem Kriege im Osten Deutschlands geschehen ist. Er ist wohl auch eines der wenigen Zeugnisse dieser Art überhaupt. Möge er dazu beitragen, daß jetzt, nachdem die Staaten der ehemaligen Sowjetunion die Verantwortung für die Morde von Katyn übernommen haben, auch die Geschichte des Lagers Buchenwald zu Ende geschrieben werden kann.

Ulm, im Januar 1992
Günther Klotz

Der Autor

Dr. phil. Ernst-Emil Klotz, geboren 5. 3. 1900 in Erndtebrück in Westfalen, Lehrerseminar 1914, Militärdienst 1918, Seminarentlassungsprüfung 1920, aus dem Volksschuldienst 1928 ausgeschieden, anschließend Studium der Geschichte, Germanistik und Evangelischen Theologie in Jena, Berlin und Breslau, Promotion 1932, Eintritt in den höheren Schuldienst 1936 in Meiningen. Berufung an das Pädagogische Institut, die Ausbildungsstätte für die Volksschullehrer Thüringens in Jena, mit einem Lehrauftrag für Geschichte und Methodik des Geschichtsunterrichts, 1940–45. Einberufung zur Arbeit am Westwall und zum Militärdienst als Volkssturmmann 1945. Verhaftung und Internierung im Lager Buchenwald 9. 9. 1945 bis 15. 7. 1948. Umschulung zum Zimmermann, Gehilfenprüfung 24. 3. 1950, Flucht nach West-Berlin am 16. 4. 1950. Nach Anerkennung als politischer Flüchtling und Rehabilitierung Bauhilfsarbeiter, Aushilfslehrer, Studienrat und Oberregierungs- und Schulrat in der Senatsverwaltung für Volksbildung in Berlin.

Verstorben am 1. 2. 1965 in Berlin.

Der Herausgeber

Professor Dr. rer. nat. Günther Klotz, geboren 2. 12. 1938 in Meiningen in Thüringen, Volksschule in Jena und Berlin, Abitur 1957 in Berlin, Studium der Physik an der Freien Universität Berlin, Promotion 1969 am Fritz-Haber-Institut der Max-Planck-Gesellschaft, Wissenschaftlicher Assistent am Institut für Molekulare Genetik der Max-Planck-Gesellschaft 1968–75, Wissenschaftlicher Assistent in der Abteilung Mikrobiologie der Universität Ulm 1975–78, Habilitation für das Fach Mikrobielle Genetik an der Fakultät für Theoretische Medizin, seit 1978 Professor an der Universität Ulm.